齊光裕著

憲法與憲政

揚智文化事業股份有限公司

許序

齊君「憲法與憲政」一書出版在即，囑余爲之序言一二。

余以爲，中華民國憲政民主制度實行至今，已經漸臻成熟地步，殊爲可喜，故憲法本身雖非全無缺點，唯大體可行而公平，應無疑義。根據西方民主國家實施憲政之經驗，我國憲政民主制度之鞏固落實，關鍵在於政治人物之是否遵守憲法規定，而不在憲法條文之完美無缺。齊君所言與余所言，雖殊途而同歸。

回想自國是會議以來，前後五年有餘，已歷三次憲法修正，變遷幅度不可謂不大。論者謂，主其事者或有修憲爲名，制憲爲實的意圖；此外各種批評議議蜂擁而至，政治紛爭迨皆肇因於此。余以爲，憲政成長，並非憲法修正一途而已，而憲法修正過度頻繁，更動規模過度龐雜，卻可能導致憲政制度之全盤失敗，故憲政改革應該盡量慎重其事，即以不修、小修或少修爲宜。至於憲政的成長與鞏固，則賴朝野各黨共同信守憲法的規範爲首要。

今憲政改革之議又起，論者不計其數。爲此，國民大會特別成立憲政改革委員會專司其事，總統府也籌備召開國家發展會議，討論有關憲政改革之重要議題。依目前形勢來看，憲政改革的列車似乎已經啓動，吾人希望朝野各方均應慎重其事，培育國家民主憲政的深厚根基。

齊君「憲法與憲政」一書之出版，恰逢憲政改革呼聲昂揚之際，於政治實務上，當有助於朝野各界之參考。該書內涵豐富，立論深入，於學術界必有其參考價値。而齊君於教學之餘，用功至勤，而有該書之出版，余以是樂爲之序。

許歷農

中華民國八十五年十月二十五日

自序

開發中國家的政治發展，首重政治組織與政治過程的制度化。這其中可透過一套完整的憲政體制，將民主的精神內涵化到每一個國民的價值體系中。也因此憲政與民主兩者往往被視爲一體兩面，或被看做同義詞。在一個民主卻無憲政規範的政治體系，其民主因無明確對國家體制、政府組織的設計，且無保障人民權利義務的條文，民主極可能發展成爲獨裁或暴民政治。只有在建立憲政制度之後，民主政治才能夠依循理性和諧的常軌運作發展。

這本書是作者在教學之餘暇，所論述研究憲法憲政的若干文章，將之彙集付印，書名並定爲「憲法與憲政」。憲法（constitution）與憲政（constitutionalism）兩者指涉意涵並不相同。憲法是規範政府組織、權力關係與人民權利義務的根本大法，其或爲一個完整的法典（code），或散見於各種文獻（documents）、習俗（customs）、協約（convention）與慣例（usages）之中。前者如中華民國、美國、法國等憲法；後者如英國、以色列之類型。

憲政則是立憲政治下，依據憲法而爲的運作情況。憲政有賴於長期成長，憲政的好壞並不是憲法本身可以決定的，其關鍵在於主政者與人民是否具有尊重憲法的政治風氣與觀念。加以分析，憲政的穩健踏實有賴於：

1.一般國民能夠理解憲法的精義，由知之真而後信之篤，並達到行之恆，能夠真知篤信而力行，一部憲法才能成就好的憲政發展。

2.朝野政黨與政府官員須有奉行憲法的誠意。實行憲法成敗最主要的人物是主政者與各政黨菁英，唯有以尊重憲法、力行憲法的態度面對體制，並透過修改憲法、解釋憲法方式，賦予憲法成長的生命。而非是任意毀棄，不斷的毀憲制憲，或以修憲之名行制憲之實，這樣國基將永難鞏固。

作者以爲，美國的憲政成長是最佳的典範，立國兩百餘年，美國人民奉行的七條條文，並未因馬車牛車時代到太空船時代，而有任何不尊重立國憲法精神者，其間並以修憲方式（至今有廿七條修憲條文）配合時代的成長。相反的，法國的憲政成長則是崎嶇多折的，一七八九年法國大革命後，歷經第一共和、第一帝國、復辟、第二共和、第二帝國、第三共和、第四共和、第五共和各時期，法國憲法不斷廢棄後再制定新憲，前後不下二十餘部憲法，過去法國主政者與國民對憲法的不尊重亦使憲政的成長坎坷多難。

我國自行憲以來，初始因戡亂與局勢的不安定，乃有戒嚴、臨時條款的存在。隨著台澎金馬地區經濟繁榮、社會多元發展、兩岸表面上互動的趨於和緩，促使威權轉型在民國七十六年解嚴後迅速展開，政治自由化引導政治民主化而來，民國七十九年召開國是會議，民國八十年終止戡亂時期、廢止臨時條款，完成「一機關兩階段」修憲中的第一階段「程序修憲」，民國八十一年完成第二階段「實質修憲」，民國八十三年再完成第三階段修憲。

三次修憲固然解決了憲法以全中國爲格局之設計在當前不能適用的困難，並授權以法律特別規定兩岸人民關係與事務處理，反映了中國分裂四十餘年的政治現實；另在國民經濟、社會生活等基本國策，亦有配合國家當前需求的新規定，這些都符合憲法適應性原則。然而四年的三次修憲在中央體制的走向，顯然未順應臨時條款的廢止，迅即回歸中華民國現行憲法的設計中，由於總統與國民大會權力的擴大，破壞了原憲法的體制精神，對於憲政的成長與變遷造成了嚴重的損傷，也使修憲後反呈治絲益棼，這將影響我國民主憲政的發展。主政者是如何有計畫地以修憲之名行制憲之實，造成原憲法中央體制精神的改變呢？它精密過程三步曲：

1.第一步先在「程序修憲」中暗渡陳倉，將本該隨戡亂時期終止的「動員戡亂機構」予以就地合法，如同發交總統一張空白權力支票，形成不是「回歸憲法」，而是「回歸臨時條款」。

2.第二步以「主權在民」之堂皇理由，推行總統公民直選，名為「小幅修憲」，以安定民心，實則為下一步預留伏筆。這當中刻意忽略兩項事實：一是國家元首產生的方式，一定要與該國憲政設計一併考量，亦即我國憲法原較傾向於內閣制的設計，總統職權多為元首權，並無太多行政實權下，有無直接選舉之必要殊值檢討。二是誤導「讓老百姓直接投票選舉國家元首，才是『主權在民』，才是『民主』。」英國是老牌民主國家，其國家元首是女王，何嘗民選過？日本國家元首是天皇，又何來民選？無人否定英、日是民主國家，是主權在民。蓋以英、日元首用於對內象徵國家統一，對外代表國家，實際行政大權掌控在內閣首相之手。我國憲政體制「總統統而不治，行政院長治而不統」下，根本不是總統制，將「總統直選」納入憲法增修條文，而以「民主」、「主權在民」標謗，殊非得宜。

3.第三步果不其然的以透過御用學者，恬不知恥的以「民選的總統，如果沒有足夠權力來實現承諾，等於是詐欺選民。」提出「總統制」的修憲案，著手縫製總統制的黃袍。實則，選民選的是憲法上的總統，當選人也從未以修憲擴張總統權力作爲競選訴求，怎能倒過來說不修憲擴權，便是詐欺選民？更何況過去以「小幅修憲」安定民心，在「分期付款」式的修憲擴權下逐步進行，正是詐欺選民於無形的高招。

每看現今政治人物爲擴權，不惜蠶食鯨吞憲法，漠視憲政精神，作者不禁痛從中來，並憶及大師蕭公權之名言：

> 憲政的成立，有賴於守法習慣的培養。在我們缺乏守法習慣的中國，嚴守憲法的習慣遠比條文完美的憲典為重要。如果憲法可以輕易修改，任何人都可以藉口條文有缺點，企圖以修改憲法為名，遂其便利私意之實。
>
> （以上節自蕭公權，「憲政與民主」一書）

作者極盼朝野政黨、執事者能念茲在茲，以國家長治久安、天下生民福祉爲依歸。這本書中雖不乏針貶，但更希望能由這些意見而引起國人對憲法更大的注意。使憲政能步上正軌，穩定成長，斯乃論憲人士無可旁貸之責任，是爲序！

中華民國八十五年十月

齊光裕　謹識

於國防管理學院

憲法與憲政　目錄

許序……一
自序……三
目錄……七
表目錄……八
壹、臨時條款與憲政……一
貳、戒嚴與憲政……三三
參、威權體制的轉型與解嚴……四五
肆、國是會議與憲政發展……八七
伍、第一階段修憲的探討……一一一
陸、第二階段修憲的探討……一二五
柒、第三階段修憲的探討……一五一
捌、第二屆國代憲改的影響與憲政展望……一七五
玖、「著毋庸議」抑「著實可議」？
—副總統兼任行政院長的若干憲法問題……二三五
拾、我國體制傾向「內閣制」或「雙行政首長制」？
—答客問並兼論「憲政精神」的內涵……二四一

表目錄

表一　動員戡亂時期臨時條款歷次修訂情形……六
表二　戒嚴法全文中影響憲法保障個人基本自由的條文……三五
表三　解嚴前後人民權利義務狀態對照表……六七
表四　國是會議參與人員名單……九〇
表五　國民黨「憲政改革策劃小組」成員結構分析表……一〇二
表六　國民黨第二階段修憲組織運作及成員分析……一二六
表七　國民大會修憲第一讀會開議人數主張與理論依據……一六〇
表八　行憲後國民大會職權調整過程……一八五
表九　未來國大重新定位的可能選擇……一九一
表十　行憲後總統職權調整過程表……一九八

壹　臨時條款與憲政

一、前言

我國行憲伊始，即遭遇重大憲政危機，舉國陷於烽火連天之中。政府來台後，更處於內憂外患，危急存亡之時。正如名諺：「刀劍之下，法律沈默」（Amidst arms the laws are silent），英國在第一次世界大戰有「國防法」（The Defence of the Realm Acts），第二次世界大戰有「緊急權力法」（Emergency Power Defence Acts）。又如美國開國之初華盛頓（G. Washington）、亞當斯（J. Adams）起樹立「反三任」的憲法慣例，亦因戰爭關係，羅斯福（F. D. Roosevelt）連四任。就我國而言，斯時如何以有效手段渡過難關，使國家民族免於危亡，實應正視，臨時條款、戒嚴法都是基於此種「救亡圖存」的法理而來。①亦有論者提出不同看法，如：「一九四八年四月，在內戰的藉口下，第一屆國民大會代表就制定了使憲法凍結的『動員戡亂時期臨時條款』。」②「我國自行憲以來，即籠罩在強人的威權統治之下，憲政結構始終無法確立，民主化的進展即常失去依憑，難以落實。」③究爲「藉口」抑或「事實」？「籠罩在強人的威權統治」的背後是否有其情境因素？臨時條款對憲政的影響爲何？均值探究。

二、臨時條款的時代背景

民國卅七年三月第一屆行憲國民大會開幕之時，國共衝突已漫延各地，尤以北方情勢最嚴重，部分國代有鑒於憲法賦予總統之權力，不足以應付緊急時機，乃主張宜將憲法作適度修改，但憲法甫經公布，尚未施行即予修改，將損及憲法之尊嚴，尤爲少數黨所不願。幾經會內外磋商，多數人認爲若能暫不牽動憲法，以適當方式賦予政府臨機應變，處理緊急情勢的權力，並得適應動員戡亂的需要，有其必要。乃有代表莫德惠、王世杰等一二〇二人提案制定臨時條款，經國民大會第一次會議第十二次大會，在民國卅七年四月十八日，依憲法第一七四條第一款規定修改憲法之程序，完成動員戡亂時期臨時條款，國民政府於民國卅七年五月十日明令公布。初次制定之臨時條款，全文如左：④

『茲依照憲法第一百七十四條第一款程序，制定動員戡亂時期臨時條款全文如左：

總統於動員戡亂時期，為避免國家或人民遭遇緊急危難，或應付財政經濟上重大變故，得經行政院會議之決議，為緊急處分，不受憲法第卅九條或第四十三條所規定程序之限制。

前項緊急處分，立法院得依憲法第五十七條第二款規定之程序，變更或廢止之。

動員戡亂之終止，由總統宣告，或由立法院諮請總統宣告之。

第一居國民大會，應由總統至遲於卅九年十二月二十五日以前，召開臨時會，討論有關修改憲法各案，如屆時動員戡亂時期，尚未依前項規定宣告終止，國民大會臨時會應決定臨時條款應否延長或廢止。』

當時連署該案的王世杰代表，對於臨時條款之提案要旨有如下說明：⑤

我們七百餘人提這個議案，其根本目的，在求行憲戡亂並行不悖。我們知道，現在政府有兩大任務，一為開始憲政，一為動員戡亂。但在憲法裡，對於政府在變亂時期的

> 權力，限制綦嚴，如果沒有一個適當辦法補救，則此次國民大會閉會以後，政府實行憲政，必然會有兩種結果：一為政府守憲守法，但不能應付時機，救平叛亂，挽救危機；一為政府為應付戡亂需要，蔑視憲法或曲解憲法條文，使我們數十年流血革命，付了很大犧牲而制定的憲法，變為具文，我們提這個案，以沈重的心情，要使國民大會休會以後，眞正能行憲而且能戡亂，故有此提案。

綜此臨時條款制定之經過，可看出其乃爲適應國家動員戡亂時期之需要，賦予元首以緊急應變的臨時權限，這在國際憲政史上不乏其例，如美國國會之對羅斯福總統授權，英國國會之對邱吉爾授權，這是爲了避免國家遭到非常變故下所發展出來的結果。⑥唯此一臨時條款對我國憲政造成持續重大影響，實肇因於以下情況：(1)中華民國政府與中共分裂分治之久，爲始料不及。(2)中華民國政府雖以法統自持，但因主權不及於大陸，造成嗣後中央民意代表無法全面改選之困境。(3)非常時期之國家元首深受台澎金馬軍民所依托，憲法上有關總統任期問題亦浮現。這些使得臨時條款不僅未能在短時期中止，其內容且有增加。

三、臨時條款的延長與擴張

臨時條款第四項原規定，應由總統於民國卅九年十二月廿五日以前，召集國民大會臨時會，討論有關修改憲法各案，如屆時動員戡亂時期尚未宣告終止，應由國民大會臨時會決定臨時條款應延長或廢止。唯因時局關係，國民大會未能如期召開，臨時條款應否延長或廢止之問題，因而亦無從決定。直到民國四十三年二月十九日，第一屆國民大會第二次會議在台北舉行時，始由陳其業、莫德惠等八七七位代表提出臨時動議：「請由大會決議，動員戡亂

時期臨時條款繼續適用案」。其理由爲：⑦

現在急欲反攻大陸，動員戡亂的情勢，更為緊張，本條款不能廢止，固不待言。而針對目前情形，主張修改，亦有其理由。但本條款是依照憲法第一百七十四條第一款的程序制定，須有國民大會總額的五分之一提議，方能廢止與修改。目前由於大陸淪陷，在台代表總額三分之二之出席，既不可能，則對於本條款之廢止與修改，均難實現，本條款在未依照法定程序廢止與修改以前，自應繼續有效。

上述提案經大會於三月十一日議決通過：「動員戡亂時期臨時條款在未經正式廢止前，繼續有效」。

民國四十九年二月十日第一屆國民大會第三次會議在台北集會，當時輿論及與會國大代表咸認此時此地，不宜修憲，然而臨時條款的制定，已達十餘年之久，實有修訂的必要，俾能適應戡亂的需要。而在前第二次會議時所面臨的憲法所稱代表總額問題，亦於民國四十九年二月經司法院大法官會議釋字第八十五號解釋爲：「憲法所稱國民大會代表總額，在當前情形，應以依法選出而能應召集會之國民大會代表人數爲計算標準。」⑧而得到解決。於是在民國四十九年三月十一日通過了第一次修訂臨時條款，其後於五十五年二月十五日第三次會議臨時會、五十五年三月廿二日第四次會議、六十一年三月廿三日第五次會議，分別做了第二、三、四次的修訂臨時條款。（第一次修訂至第四次修訂增刪情形如表一）。

綜合而論，臨時條款制定及歷次修訂之主要意義爲：

(1)初次制定臨時條款的重點，在授與總統以緊急處分權之行使，在程序上不受憲法有關條文（第卅九條、四十三條）之限制。

(2)第一次修訂臨時條款的重點，在賦予蔣中正總統得以繼續出任第三任總統的法源（即凍結原憲法第四十七條之規定），對於鞏固當時領導中心，有其積極意義。

(3)第二次修訂臨時條款的重點有二；一爲國民大會創制複決兩權之行使。二爲設置研究機構，研討憲政有關問題。

(4)第三次修訂臨時條款的重點有二；一爲授權總統設置動員戡亂機構，決定動員戡亂有關大政方針，並處理戰地政務。二爲總統因動員戡亂需要，得調整中央政府之行政機構及人事機構，並增補選中央公職人員。

(5)第四次修訂臨時條款的重點有二；一爲擴大中央政府基礎，在自由地區增加中央民意代表名額。二爲授權總統訂定遴選辦法，使僑居國外國民亦有選出或遴選之立法委員、監察委員等參與中央政治。

四、臨時條款的施行

臨時條款所規定內容的實施，可以從七個方面分析：(1)緊急處分權的運用。(2)總統得連選連任。(3)創制複決權的行使。(4)設置憲政研討會。(5)設置動員戡亂機構。(6)設立人事行政機構。(7)充實中央民意代表機構。

表一　動員戡亂時期臨時條款歷次修訂情形

修訂次數	修訂時間	修訂會期	修訂內容
第一次修訂	49.3.11	第三次會議	新增二項： 1.動員戡亂時期總統副總統得連選選任，不受憲法第四十七條連任一次之限制。 2.國民大會創制複決兩權之行使，於國民大會第三次會議閉會後，設置機構，研擬辦法，連同有關修改憲法各案，由總統召集國民大會臨時會討論之。 修正三項： 1.國民大會臨時會由第三任總統於任期內適當時期召集之。 2.動員戡亂時期之終止，由總統宣告之。 3.臨時條款之修正或廢止，由國民大會決定之。
第二次修訂	55.2.15	第三次會議臨時	新增三項： 1.動員戡亂時期，國民大會得制定辦法，創制中央法律原則與複決中央法律，不受憲法第二十七條第二項之限制。 2.在戡亂時期，總統對於創制案或複決案認為有必要時，得召集國民大會臨時會討論之。 3.國民大會於閉會期間，設置研究機構，研討憲政有關問題。 刪除兩項： 1.國民大會創制複決兩權之行使，於國民大會第三次會議閉會後，設置機構，研擬辦法，連同有關修改憲法各案，由總統召集國民大會臨時會討論之。

		會	2.國民大會臨時會由第三任總統於任期內適當時期召集之。（以上刪除原因，為本次臨時會已召集，達成其既定目標，已無實質存在意義）
第三次修訂	55 3 22	第四次會議	新增兩項： 1.動員戡亂時期，本憲政體制授權總統得設置動員戡亂機構，決定動員戡亂有關大政方針，並處理戰地政務。 2.總統為適應動員戡亂需要，得調整中央政府之行政機構及人事機構，並對於依選舉產生之中央公職人員，因人口增加或因故出缺，而能增選或補選之自由地區及光復地區，均得訂頒辦法實施之。
第四次修訂	61 3 23	第五次會議	新增一項： 1.動員戡亂時期，總統得依下列規定，訂頒辦法充實中央民意代表機構，不受憲法第二十六條、第六十四條及第九十一條之限制：(1)在自由地區增加中央民意代表名額，定期選舉，其需由僑居國外國民選出之立法委員及監察委員，事實上不能辦理選舉者，得由總統訂定辦法遴選之。(2)第一屆中央民意代表，係經全國人民選舉所產生，依法行使職權，其增選補選亦同。大陸光復地區次第辦理中央民意代表之選舉。(3)增加名額選出之中央民意代表，與第一屆中央民意代表，依法行使職權。增加名額選出之國大代表，每六年改選，立法委員每三年改選，監察委員每六年改選。

資料來源：著者整理

㈠緊急處分權的運用

依現行憲法第四十三條規定，總統有權依該條所定程序發布「緊急命令」，唯一則發布緊急命令所必需依據之「緊急命令法」迄未制定，使憲法第四十三條無由實施；二則該條所定發布緊急命令之原因限於「國家遇有天然災害、癘疫、或國家財政經濟上有重大變故」，戡亂難以包括其中。職是之故，臨時條款之「緊急處分」即增加：「爲避免國家或人民遭遇緊急危難」一語。另緊急處分乃授予總統臨機應變的權力，在程序上，便可不必經由憲法第卅九條經立法院通過或追認之程序；亦可以不依照憲法第四十三條規定的「緊急命令法」（此法迄未制定）的規定，也不需依照同條規定須於發布命令後一個月內提交立法院追認，因之「緊急處分」與「緊急命令」的法源依據、原因、程序均顯見不同。

臨時條款制定後，總統運用緊急處分的數量不多，在大陸時期所發布者有民國卅七年八月十九日「財政經濟緊急處分令」、卅七年十二月十日「全國戒嚴」、卅八年一月十九日「黃金短期公債」、卅八年二月廿五日「財政金融改革案」、卅八年七月二日「制定銀元及銀元兌換卷發行辦法」、卅八年七月廿三日再頒布「戒嚴令」、卅八年七月廿三日「愛國公債條例」。⑨

政府來台後，緊急處分前後總共行使四次：

1.第一次爲民國四十八年八月卅一日，頒布對於「八七水災」的搶救、重建工作的緊急處分令，規定緊急處分事項共十一種。⑩

2.第二次爲民國六十七年十二月十六日，美國宣布與中共建交，時值當年度增額中央民意代表競選期間，由於國家安全整體考量，總統乃即日頒發緊急處分令：⑴軍事單位採取全面加強戒備之必要措施。⑵行政院經濟建設委員會會同財政部、經濟部、交通部，採取維持經濟穩定及維持發展之必要措施。⑶正進行中之增額中央民意代表選舉，延期舉行，即日停止一切競選活動。⑪

3.第三次爲民國六十八年一月十八日，總統復發布緊急處分令。⑫以解決中央增額民代選舉經前項緊急處分令宣告停止，而依臨時條款規定於六十一年及六十四年選出之增額國民大會代表、立監委員之任期將於六十八年初屆滿問題，而得以解決。

4.第四次爲民國七十七年李登輝總統發布於國喪期間，禁止人民集會遊行請願。

㈡創制複決兩權行使

國民大會之創制複決兩權，依憲法第廿七條第二項之但書：「關於創制複決兩權，俟全國有半數之縣市曾經行使創制、複決兩項政權時，由國民大會創定辦法並行使之。」政府來台後，以主權不及於大陸，國民大會之創制複決兩權因而完全冰封凍結了。國民大會乃擬循臨時條款把它從憲法解凍出來，國民大會臨時會於民國五十五年二月七日第三次大會修訂臨時條款，增加第四項「動員戡亂時期，國民大會得制定辦法，創制中央法律原則與複決中央法律，不受憲法第廿七條第二項之限制。」唯並於第五項中規定：「在動員戡亂時期總統於創制案或複決案認爲有必要時，得召集國民大會臨時會討論之。」即把是否行使此兩權必要的決定權交給總統。亦即「有無必要行使兩權，以及要不要召集國民大會」權在總統，國民大會不得自行集會行使兩權。⑬

基於上述臨時條款第四項之規定，國民大會臨時會乃在民國五十五年二月八日舉行第四次大會，三讀通過「國民大會創制複決兩權行使辦法」，全文共分總則、創制、複決、程序及附則等五章，凡十三條。主要內容在規定國民大會，對中央法律原則有創制權（第三條）。對中央法律有複決權（第六條）。國大代表所提出之創制、複決案，須有代表總額六分之一簽署（第八條）。二分之一以上之出席及出席代表二分之一以上之同意，否則不得決議。（第十條）並咨請總統於六個月內公布之（第十三條）。⑭本辦法總統並於同年八月八日公布。

「國民大會創制複決兩權行使辦法」公布實施後，雖則國大對於中央立法可「原則創制」，對中央立法複決可「任意複決」，但以臨時條款第五項之規定，將有無必要行使兩權，以及要不要召集國民大會討論之權，賦予總統，國民大會不得自行集會行使兩權。因之，國民大會雖常有行使兩權之議，終以未獲總統回應而作罷，故形成雖有兩權辦法之制訂，但並無任何行使的紀錄。

㈢總統得連選連任

依憲法第四十九條之規定：「總統副總統之任期，均為六年，連選得連任一次。」亦即限制總統作兩次以上連任。唯因我國於民國卅年代末期以來，即處於動員戡亂，非屬承平，沒有卓越、堅強又為全體國民所信服之領導中心，凝聚全民力量，恐無法渡過那段艱辛、百廢待舉、內憂外患的局面。雖然其時亦有少數不同聲音見解—主要來自「自由中國」半月刊。例如民國四十五年「自由中國」推出「祝壽專號」（十五卷九期），以爲蔣中正總統七十大壽祝賀，在社論「壽總統蔣公」一文中，建議：⑴選拔繼任人才⑵確立內閣制⑶實行軍隊國家化。甫經出刊，即受各界注意，並曾印行至九版。

民國四十八、九年間，「自由中國」進一步就「修憲風波」—蔣中正總統兩屆任滿之憲政問題，加以討論。基本上，「自由中國」論點強調理想主義，否定大環境有危機存在，縱令有危機，亦反對任何限制民主的作爲。正如台大哲學系教授殷海光所說。⑮

> 自從大陸淪陷，撤退台灣以來，台灣在一個大的藉口之下，有計畫地置于一個單一意志和單一勢力嚴格支配之下，這一計畫，逐年推進……官方據以控制言論自由的王牌有如後幾張——「國家利益」、「基本國策」、「非常時期」………

然而除「自由中國」等少數聲音外，絕大多數輿論與學者仍強調民國卅八年政府來台後的時空情境，亦即「此時何時」？「此地何地」？先就「此時何時」而言，所謂「此時」，即1.自卅八年大陸變色，政府來台，繼續反共大業，以圖重整河山之時。2.正是中共妄言「解放」台灣，圖我日亟，以武力進犯，砲轟金馬之時。3.正是台澎金馬復興基地，上下一心，埋頭苦幹，辛勤建設三民主義模範省之時。

所謂「此地」，即1.台澎金馬爲中華民國唯一未被中共蹂躪之地區。2.台澎金馬爲今日反共復國的基地。3.台澎金馬爲民主陣營西太平洋之堅強堡壘和屏障。

因之，當其之時，多數知識份子與民眾歸結中華民國乃正處非常之時期，內部經濟、社會均呈薄弱。審之以時事，度之以實情，唯有國民黨有足夠力量與中共抗衡，亦唯有蔣中正總統能穩定時局，糾合群力，突破困境。國民大會爰於臨時條款第三項特別規定：「動員戡亂時期，總統副總統得連選連任，不受憲法第四十七條連任一次之限制。」根據此一規定，蔣中正總統得於民國四十九年、五十五年、六十一年連任中華民國第三、四、五屆總統，以其豐富反共經驗，堅定革命意志，領導國人一面對抗共產政權，一面增強國力，不僅渡過重重難關，且銳意建設台澎金馬，始有其後台灣富裕繁榮之社會。

四設置憲政研討會研討憲政有關問題

國民大會憲政研討會乃是根據民國五十五年二月十五日第二次修改臨時條款，其第六項：「國民大會於閉會期間，設置研究機構，研討憲政有關問題。」而產生，以國民大會全體代表為委員組織而成。其組織綱要於民國五十五年三月廿三日經國民大會第四次會議第十次大會通過，並於六十七年三月十八日經國民大會第六次會議第十次大會修正。有關國大憲政研討會組織的重要規定如下：⑯

1.憲研會設主任委員、副主任委員各一人，主任委員公推總統擔任，副主任委員由主任委員就委員中指定之。（第五條）

2.憲研會設十二個研究委員會，其中台北區設第一至第九研究委員會與第十三研究委員會；台中區設第十、十一研究委員會；台南區設第十二研究委員會。分別研討有關憲法憲政、內政、外交、國防、財政經濟、教育文化、交通、邊疆、僑務、司法等事宜。（第六條）

3.每一位代表以自由參加一委員會為限，每年認定一次。另自七十一年度起，每位代表

於認定登記時，除參加一個研究委員會外，同時依其志願可登記列序參加另一委員會。（第七條）

4.憲研會綜合會議，每三個月舉行一次。（第十條）

5.憲研會全體會議，每年十二月舉行一次，由主任委員召集。（全體委員出席，討論各委員會提出之研討結論。）（第十二條）

憲研會從民國五十五年至八十年的廿五年間各研究委員會提出之研討結論，共有一千零九十一件，全部完成者一千零五十四件，佔總件數百分之九十六點八，其中完成達百分之百者，有第五、六、七、十二研究委員會。歷年來各研究委員會研究成果統計，其中內政類一五三件、憲法憲政類一四三件、教育文化類一三七件、財政經濟類一三一件、國防類一〇件。經憲研會綜合會議或全體會議通過者，函送政府機關參辦者九八五件，佔完成總數百分之九十五點六，其中函送政府機關，包括：行政院、司法院、考試院、國家安全會議、文復會等，並轉發其他有關工作單位參採辦理，參辦率爲百分之八十以上。⑰

㈤設置動員戡亂機構

民國五十六年二月一日，總統依照臨時條款第四項「得設置動員戡亂機構」的規定，公布「動員戡亂時期國家安全會議組織綱要」；同日頒布命令：⑱

國防會議自動員戡亂時期國家安全會議成立之日起撤銷，原隸國防會議之國家安全局及戰地政務委員會改隸於國家安全會議。國防計畫局分別併入國家安全會議計畫委員會及國家總動員委員會。（嗣令奉核定將行政院經濟動員計畫委員會併入國家安全會議）。

國家安全會議依其組織綱要第二條之規定，共有七項任務：1.動員戡亂大政方針之決定事項。2.國防重大政策之決定事項。3.國家建設計畫綱要之決定事項。4.總體作戰之策定及指導事項。5.國家總動員之決策與督導事項。6.戰地政務之處理事項。7.其他有關動員戡亂之重要決策事項。

至於其組織成員，依同法第六條規定，國家安全會議除以總統爲主席外，由副總統、總統府祕書長、參軍長、總統府戰略顧問委員會主任、副主任、行政院院長、副院長、國防部長、外交部長、財政部長、經濟部長、參謀總長、該會祕書長與各委員會主任委員，以及總統特別指定的人員組成。總統爲國家安全會議主席，主持會議，總統因事不克出席時，由副總統代理之。

國家安全會議爲一合議制之機構，唯因其一切決議，須經總統核定後，再依其性質交主管機關實施，故其精神具有獨位首長制的色彩。故有謂：「國家安全會議不但是戡亂時期政府的決策機關，而且是決策的中樞所在，在其決策範圍內，行政院倒退而成爲執行其決策的機關。」⑲

依國家安全會議組織綱要第四條規定：「總統行使動員戡亂時期臨時條款第四項及第五項之職權時，以命令行之。」此中所稱「命令」與憲法第卅七條：「總統依法公布法律，發布命令須經行政院長及有關部會首長副署」所稱之「命令」，是否具有相同含意？即是否與憲法卅七條一樣，須經行政院長副署，或不須副署？論者從臨時條款授與總統之職權計有一、四、五、六、七、九項等，其中第一、六、七項有「不受憲法有關條文之限制」之除外規定，獨第四、五、九項沒有除外之規定，因而認爲總統行使此項權力以命令爲之，仍應依憲法卅七條規定，須經行政院長之副署。⑳故以過去總統頒布「動員戡亂時期國家安全會議組織綱要」、「行政院人事行政局組織規程」時均未經行政院院長或相關部會首長副署，似值商榷。㉑唯臨時條款一、六、七項之所以有除外規定，乃因該等條文明顯牴觸原憲法條文；而四、五、九項本爲憲法中所無明確規範，故沒有除外規定。事實上，觀之於有除外條款之第一項，過去總統在行使緊急處分權時亦有行政院長之副署，因之總統以命令行使臨時條款職權時，是否須經行政院院長副署，應無關是否有除外規定，而應注意到臨時條款是否有規定總統行使命令，不受憲法第卅七條之限制，如果沒有，則總統行使臨時條款職權時之命令，均宜須行政院院長之副署。

歷來國家安全會議，授權總統對戡亂有關大政方針決定事項中，若干重要性決策如：1.民國五十六年設置行政院人事行政局。2.民國五十七年實施九年國民教育。3.民國六十八年擴大領海爲十二海浬，經濟海域爲二百海浬（原領海爲三海浬，經濟海域爲十二海浬）。4.民國五十六年「動員戡亂時期自由地區中央公職人員增補選辦法」與六十一年「動員戡亂時期自由地區增加中央民意代表名額選舉辦法」，辦理中央民意代表在自由地區之增額選舉以及華僑地區之遴選。上述事項均發揮相當大作用。

㈥設置行政院人事行政局

總統於動員戡亂時期，爲統籌所屬各級行政機關及公營事業機構之人事行政，加強管理，並儲備各項人才，於民國五十六年六月十四日，蔣中正總統在國家安全會議中裁示決定：「行政院設置人事行政局案，可依動員戡亂時期臨時條款第五項之規定，由總統以命令行之。」關於『行政院人事行政局組織規程』，由總統於五十六年七月廿七日明令公布實施。㉒依據「行政院人事行政局組織規程」第三條至第六條規定，人事行政局之職權有人事管理權、法規研議權、人才調查儲備權、人員分發權、組織編制審議權、公務人員進修規畫權、考核政績獎懲核議權、待遇獎金福利規畫權、退休撫卹保險建議權，及人事資料建立運用權等。其與考試院所屬之銓敘部共有職權合計達十項之多，相異之職權不多。㉓此所以人事行政局既係行政院所屬之機構，復就有關人事考銓業務，並受考試院指揮監督之故（組織規程第一條），其對於行政院所屬各級人事機構之組織、編制、人員派免，於核定之後，尙應報送考試院銓敘部備查（組織規程第十四條），體例至爲特殊。

㈦充實中央民代機構

蔣中正總統根據民國五十五年三月國民大會增訂臨時條款的授權，於是交由國家安全會議通過「動員戡亂時期自由地區中央公職人員增選補選辦法」，於五十八年三月廿七日正式公布。繼而制定施行細則，舉行選舉。於當年十二月廿日投票後，圓滿選出國民大會代表十五名，立法委員十一名，監察委員兩名，是爲我國中央民意機關來台後，首次增加新血輪。

然而本次增補選一方面增加名額不多；再則係屬「純法律性」的選舉（辦理之目的在符合憲法名額分配的原則）而非「政治性」的選舉。

到了民國六十一年臨時條款再經修正，復授權總統不受憲法有關條文之限制，辦理中央民意代表在自由地區之增額選舉以及華僑地區之遴選。總統即於民國六十一年六月廿九日公布「動員戡亂時期自由地區增加中央民意代表名額選舉辦法」，並於同年七月廿七日公布「動員戡亂時期僑選增額立法委員及監察委員遴選辦法」。按照此兩項辦法，於自由地區選出增額國民大會代表五十三名，增額立法委員卅六名，增額監察委員十名；另僑區遴選增額立法委員十五名，增額監察委員五名，共計選出增額中央民意代表一百十四名。並於民國六十四年辦理增額立委改選一次。

民國六十七年，原定依據臨時條款辦理三項增額中央民意代表之改選，旋因中美斷交而由總統發布緊急處分令予以停止。至民國六十九年六月十一日，總統發布三項命令，規定同年舉行六十七年經延期停止之選舉，並就其應選名額大幅增加，制定「動員戡亂時期自由地區增加中央民意代表名額選舉辦法」，修訂「動員戡亂時期僑選增額立法委員及監察委員遴選辦法」，並廢止六十一年公布之增選辦法。據此，乃於民國六十九年底辦理選舉，在國內自由地區選出增額國民大會代表七十六名，增額立法委員七十名，增額監察委員廿二名；僑選增額立法委員廿七名，增額監察委員十名，共計選出增額中央民意代表二百零五人。此後增額國大代表並於民國七十五年選出八十四名，增額立法委員亦分別於七十二年、七十五年、七十八年分別選出九十八名、一百名、一百卅名；增額監察委員於七十六年選出卅二名。

㉔中央民代增補選舉的意義，正如金耀基指出，我國民主發展的道路是漸進的，不同於若干國家，在民主追求上，無視客觀的條件，急躁的結果，反而造成社會的動亂不安。而我國民主漸進的目標，是希望爲經濟發展提供一個「安定」的環境。㉕總之，政府來台之後，中央民意機關的改選，一時面臨既無法全面（大陸淪陷），又無法局部（公平性問題）的兩難困境，乃由五十八年「增選補選辦法」，到六十一年「增額選舉辦法」，逐步擴大政治參與的管道，也使具有最新民意基礎的新血輪注入國會之中。

五、臨時條款的爭議—性質論

臨時條款的時代背景，乃爲切合國家之特殊需要，加強憲法之適應性。基本上，在動員戡亂時期，以不修改憲法本文的原則下，維持憲法的穩定性與適應性；同時使行憲與戡亂並行不悖，合於平時與戰時的雙重要求，戡亂時期終止，則臨時條款即予廢止。正因其體例的特殊，益使臨時條款的性質極具爭議，大別之，有兩種說法，一謂臨時條款是構成憲法之一部分，一謂臨時條款係獨立於憲法之外，分述如下：

㈠主張臨時條款爲憲法之一部分

此即憲法內容說，以臨時條款乃爲構成憲法之一部分內容，附隨憲法而存在，與憲法所規定的其他部分，同爲根本大法，捨憲法則臨時條款失所附麗，而無單獨存在之餘地。就制定程序言，臨時條款完全適用修憲之程序；就效力言，臨時條款有停止或變更憲法之效力，

其他任何法律僅能變更法律、命令，但不能變更憲法，改變憲法者，只有憲法，臨時條款能變更憲法，其爲憲法無疑。㉖

持相反看法者，認爲臨時條款並未嵌入憲法典內構成憲法之一部，而係自立於憲法外與中華民國憲法併列的獨立法典，縱因其具憲法位階效力，也只是「實質憲法」（materielle verfassung）而非「形式憲法」（formelle verfassung）。論者並就臨時條款內容佐證，指出其第十一項規定「臨時條款之修訂或廢止，由國民大會決定之」，如臨時條款爲憲法一部，則依憲法第一百七十四條之規定，其修改或廢止決定權本屬國民大會，何需再設第十一項；此外如臨時條款第一、二、三、六、七項在引述憲法本文時，均不厭其煩一一詳指「憲法第×條」，而非用「本憲法第×條」或直呼「第×條」，因之認爲臨時條款應非憲法內容之一部分。㉗

㈡主張臨時條款獨立於憲法之外

持此種看法者，又有許多不同學理主張，如憲法之特別法說、戰時憲法說、授權法說……不一而足。

1.憲法之特別法說

該說主張臨時條款與憲法並存，兩者之關係一如特別法與普通法的關係，適用「特別法優於普通法原則」（lesspecialis derogat legi generali）亦即臨時條款可凍結部分憲法條文而優先適用。㉘

此說亦有若干盲點存在，一則特別法與普通法乃係一般法律的分類，可否用於憲法仍有爭議。再則，如有所謂特別憲法，其應由制憲國民大會制定，而臨時條款是由行憲國大完成，行憲國大之職權爲修憲權而非制憲權。

2.戰時憲法說

戰時憲法說以「平時法」、「戰時法」概念著手，臨時條款因係爲動員戡亂時期而制定，適用於非常時期，因具有戰時憲法之性質。戰時憲法乃因應社會情勢之劇烈變動，故所依據之法理、規定之內容與平時憲法有異。[29]

此說亦不甚周延，因臨時條款所規定者，並非具有完整性且可單獨存在，正因臨時條款並非完整憲法法典形式，其所大部分未規定者，仍適用原憲法，故而臨時條款尚難謂即取得憲法之地位而代之。

3.授權法說

此說謂臨時條款係國民大會授權於總統在動員戡亂時期所得行使之職權，即加強戰時統帥權之行使，與各國在戰時由國家制定授權法案，以授權政府在戰時之職權相同，故臨時條款具有授權法之性質。

此說固然指出臨時條款乃國民大會對於總統授權之淵源。但未說明臨時條款本身之性質爲何？以及臨時條款與憲法之關係爲何？因之顯然有欠周延性與完整性。

4.獨立於憲法之外，唯法制地位等於憲法

此說認爲臨時條款係獨立於憲法之外，但法制地位等於憲法，高於普通法律或命令。此因臨時條款係由有權機關—國民大會依法定程序完成，並先後經國民政府、總統公布，是爲成文法之一種，自得爲憲法之法源。且臨時條款因有「變更憲法之力」，則又有優於憲法之處，此外，臨時條款冠以「臨時」兩字，限以「動員戡亂時期」，衡諸憲法之永久性，則臨時條款究難與憲法相提並論，當動員戡亂時期終止時，臨時條款即廢止，然在限定時期內，臨時條款則有高於憲法與獨立於憲法外之效力。㉚

此說認爲憲法獨立於憲法之外，即表示其非憲法之一部分內容，但以國民大會僅有修憲而無制憲權，並不能「制定」「法制地位等於憲法」之憲法典，故此說仍難成立。

5.獨立於憲法之外，類似威瑪憲法之「破憲法律」

此說認爲臨時條款不是憲法的一部，而是國民大會越權所制定的一部適用上優先於憲法的新的、獨立的特別憲法，其體例相當於德國威瑪時代破壞憲法統一、完整之法典性的「破憲法律」（verfassungsdurchbrechende gesetze）㉛德國威瑪憲政史上的「破憲法律」乃指其修憲機關在保持憲法典原封不動的前提下，依修憲程序制定出一個與憲法典有別，但內容與之牴觸且適用順序又較爲優先的特別憲法。㉜

此說認爲臨時條款爲國民大會「越權」所制定的一部獨立的特別憲法，然衡諸事實亦有失允當，一則臨時條款全文之首，已說明國民大會依照憲法第一百七十四條第一款程序爲之，就法言法，並無「越權」，二則臨時條款先採原則性敘述，而在第二次修正後，改採條項列舉，然無論原則性敘述抑或條項式列舉，內容均非完整憲法典，尚不足以稱爲「獨立」的特別「憲法」。

上述各種論及臨時條款的性質中，看法互異，差別亦大，要較明確論述臨時條款之性質，宜從四方面分析：即臨時條款由誰制定？臨時條款依據爲何？臨時條款制定目的爲何？臨時條款的體例與世界憲政發展經驗的同異爲何？

⑴臨時條款由國民大會制定，而非由立法院或行政部門制定，故就其位階性而言，絕非法律、命令之層級，而是憲法之同等位階。

⑵臨時條款的依據爲「依照憲法第一七十四條第一款程序」。憲法第一百七十四條第一款爲修憲程序，亦即說明臨時條款乃「由國民大會代表總額五分之一提議，三分之二之出席，及出席代表四分之三之決議，得修改之。」而完成。行憲國民大會所擁有的憲法職權爲修憲權而非制憲權，因之臨時條款爲行憲國大依修憲程序完成的憲法修正條款，自然與憲法有相同的合法效力。

⑶臨時條款的目的，依王世杰代表說明，乃是在求行憲與戡亂的並行不悖，維持憲法的穩定性與適應性，從臨時條款目的當中，亦可瞭解臨時條款效力具有時間性—即動員戡亂時期，當動員戡亂時期終止，臨時條款即予廢止。

⑷臨時條款的體例與世界憲政發展經驗的同異方面，確實較爲特殊，臨時條款係行憲國民大會依憲法第一百七十四條第一款之修憲程序完成的憲法修正條款。依近代各國憲法經驗，採修改憲法約有三種：修改條文、刪除條文、增補條文。㉝其中增補條文，乃不廢止舊條

文，而另行增加新條文列於憲法之後，再依「後法推翻前法原則」（lex posterior derogat legi priori），新增補條文有效，被修改之條文雖形式上仍在憲法中，但已失去效力，僅具歷史意義而已，美國憲法即是著例。就我國臨時條款而言，有與之相近者，一爲均採增補條文列於憲法之後的方式，二爲均是採用「後法推翻前法」原則，原憲法條文與臨時條款牴觸者均失其效力。但兩者亦有不同處，臨時條款使原憲法條文失去效力僅是「凍結」暫不適用之條文，而非使之廢止，戡亂時期結束，臨時條款即廢止，原有條文，仍回復其效力。因之，這確是各國修憲史所少見。我國臨時條款的體例有其獨創性，殆無疑義。或有學者指出，行憲伊始，正值戡亂時期，烽火已經燒起全國半壁江山，國民大會能及時透過臨時條款途徑，使國家行憲與戡亂得以並行，正是行憲代表高度智慧的表現，也是中國憲政史上不可磨滅的一項。㉞謝瀛洲對臨時條款之性質即說明：㉟

> 臨時條款係依憲法第一百七十四條第一款之程序而制定，其性質等於原憲法之修正，原憲法之條文與之牴觸者，均失其效力，而以臨時條款所規定者為適用之根據，其與通常所稱憲法修正案有所不同者，即原憲法經修正後，其被修正的條文，即行廢止，而臨時條款僅凍結憲法中暫不適用之條文而已，時機一至，原有條文，即仍然回復其效力。

綜合之，臨時條款乃係行憲國民大會依憲法第一百七十四條第一款：「由國民大會代表總額五分之一提議，三分之二之出席，及出席代表四分之三之決議，得修改之。」而制定，屬於憲法的修正條款。過去長時期以來，執政的國民黨與政府，均不直接論及臨時條款即修憲條款，亦致使學術界論述紛歧，莫衷一是。考政府在臨時條款成立初始，乃至來台後，均不直接以臨時條款即是修憲來解釋，與蔣中正總統不願在斯時修憲的態度有關。早先，民國卅七年行憲伊始，國民大會代表即有醞釀修憲者，蔣中正總統即不表贊同，以爲憲法施行未久，不便遽言修憲，而使人有朝令夕改之感。民國卅八年，中央政府播遷來台，蔣氏認爲把這部憲法，完整的帶回大陸，是一種反共復國的精神力量，在台修憲殊非所宜。蔣氏亦對此看法向國大代表闡述：㊱

至於此時而言修憲，立意固極高遠，然而大敵當前，見仁見智，徒啓紛議，分心分力，轉增時艱。中正所陳坦見，無非為反共復國熟計利害，毫無個人私意存乎其間。此後如何發抒良謨，各位代表固自有權衡，但是耿耿此心，當亦為同仁所共諒。

正因蔣中正總統的憲政態度，並不主張在當時修憲，而事實上第一屆行憲國民大會代表所擁有的正是修憲權，其後乃以臨時條款方式爲之，而避諱直言「修憲」，衡諸事實，臨時條款實則就是修憲案。整體言之，臨時條款就法律效力而言，國民大會既有修憲權，其依修憲程序所制定的憲法修正條款—臨時條款，自然具有與憲法相同的合法效力。就體例而言，臨時條款雖有其獨創性，不易於從世界各國憲政實例中找出相似者，但卻爲爭生存、爭自由民主，對抗中共極權專政的中華民國政府留下歷史的可貴紀錄。

六、臨時條款的評析

臨時條款是非常時期下的產物，基本上它凍結了憲法上原有的部分條文，就憲政而言是有負面影響的，但也因它而使台澎金馬得以穩定，更爲其後帶來自由地區經、社發展的有力契機。臨時條款存在的另一個重要因素，即是與中共長期的軍事對峙，直到民國四十七年尚有「八二三砲戰」。中共全面停止砲擊金馬，則是民國六十七年中美斷交後的事，這也造成戡亂時期持續下去，遲遲無法回歸憲法。終止戡亂時期，廢止臨時條款，則是到了民國八十年。這長達四十餘年的臨時條款所造成的爭議很多，持平地說，其對憲政體制的發展有正面的價值，亦有負面的影響。而事實上，就同一件事情，論者評之往往亦是正反兩面的，茲以總統連任爲例，臨時條款凍結憲法第四十九條之連選連任一次規定，就肯定者言，蔣中正總統的在位，以民國四、五十年代面臨中共「立即而明顯」的武力威脅（clear and present danger），農工經濟條件的低落，人心的不安，當其之時，能穩定全國軍民士氣，並凝聚出堅定的團結意志，除蔣中正總統外，何人能有此領袖魅力（charisma）？故有謂瑕不掩瑜。但質疑者就其連任達五次，在位近卅年之久，以民主憲政體制而言殊非常態。

㈠臨時條款正面的價值

1.具有穩定政局的功能

國家承平時代，只須憲法正常運作，即可有條不紊。正因時局逆轉，生存遭受威脅，乃有臨時條款，臨時條款成之於亂世，故而其凍結、改變原憲法條文，如授與總統緊急處分權，授與總統設置動員戡亂機構，決定大政方針，凍結總統連選連任一次的規定，使蔣中正總統得以領導全民走過風雨飄搖的歲月，不僅士氣振奮，上下團結和諧，且造成軍事上局部的優勢，經濟上繁榮的基石，爲其後「台灣經驗」奠定良好的基礎。

2.緊急處分權運用謹慎

緊急處分權的力量甚大，但觀之政府來台，緊急處分權總共使用四次：民國四十八年的「八七水災」，民國六十七年的中美斷交，民國六十八年的解決中央增額選舉經前一年中美斷交而停止後，所面臨的原任期將到，新任未選出的解決補充令。第四次爲民國七十七年李登輝總統發布於國喪期間，禁止人民集會遊行。這四次都是重大事故，且事涉國家安全、人民生命財產，總統乃以緊急處分權因應，應屬得宜。

3.國家安全會議決定大政方針之成效甚佳

民國五十七年實施九年國民義務教育，使教育落實普及，民智大開。民國五十八年起辦理增選補選中央民意代表，民國六十八年因應國際間共同發展的趨勢，將領海擴大爲十二海浬，經濟海域擴大爲二百海浬，上述的臨時條款授權總統有關大政方針的決策而來，這些決策都是具有前瞻性，而影響深遠的。

4.中央民代增補選擴大政治參與

民國五十八年起，總統依據臨時條款的授權，在自由地區辦理中央民意代表之增補選舉，使國會得以灌注新的血輪，同時也擴大了政治參與的管道，將民選的層級由地方自治範疇，達到中央階層的選舉，對民主政治的逐步落實甚具貢獻。

㈡臨時條款的負面影響

1.改變憲法原有精神

依據中華民國現行憲法的條文，我國雖有五權憲法的架構（憲法中「國民大會」、「總統」以及五院都列有專章），但依職權分析，我國憲法的體制較傾向於內閣制。在臨時條款規定下，總統依授權設置國家安全會議，決定國家建設與動員戡亂大政方針，原行政院每年提出於立法院的預算案、法律案，依憲法第五十八條規定，只需提出行政院會議即可，在國家安全會議成立後，前述各案在行政院會通過後尚須報請國家安全會議，始能向立法院提出，而國家安全會議對行政院提報之預算及法案，有變更之權。明顯的，國家安全會議成為決策中樞，行政院倒退成為執行其決策的機關，因之破壞了現行憲制由行政院為最高行政機關的體制。

2.總統職權擴大

臨時條款第四項「授權總統得設置動員戡亂機構，決定動員戡亂時期有關大政方針」，於是國家安全會議的設置，由總統擔任主席，行政院長成為其幕僚長，加以國安會的精神具有獨位首長制的色彩，國安會一切決議，須經總統核定後，再依其性質交主管機關實施。由於總統職權擴大，乃有利於強人政治的發展，此一趨勢，固然對事權統一、政局安定有相當價值，但相對也使憲政所規範體制受到改變。尤以享有真正決策大權的總統，卻毋需負任何責任，從權責角度觀之，是極不合理的。

七、結論

行憲未久，全國已陷於烽火之中，國家處境艱危。隨著大陸赤化，政府輾轉來台，面臨中共武力直接威脅，台灣地區當時經濟條件、社會條件薄弱的狀況下，人心浮動不安，故不宜以正常狀態視之。斯時政府首要工作，乃在安全考量，免於被中共赤化。但在安全優先考量下，無可避免的對民主政治正常發展造成影響，臨時條款的繼續實施與歷次擴張，使得無法回歸憲法。這些問題是兩岸分裂分治下所產生的困擾，臨時條款是階段性、臨時性的，但由於動員戡亂時期一直持續，致使這個臨時條款，一直「臨時」了四十三年之久。臨時條款有起始點，必然也有結束點，這是過去反對運動者所抗爭的焦點。問題是這個結束點在何時？何種最有利的條件之下？畢竟兩岸分裂分治之久，持續至今仍在進行，也非政府來台之初所想像得到。

臨時條款的運作下，使憲法所規定者若干被凍結，有些則爲原憲法所無。前者如憲法第四十七條總統副總統連任一次的限制，後者如設置國家安全會議、行政院人事行政局，以及中央民意代表增額選舉等。因而容易引起從憲法觀點的爭論，此一論戰涵蓋面甚廣，包括了臨時條款的性質、法統的爭議等。就臨時條款而言，其以修憲方式完成，但體例特殊，爲各國所無，亦與民國八十年以後之憲法增修條文不同，就其所標示「臨時」應無疑義。臨時條款直到民國七十九年國是會議，朝野確立共識，並於民國八十年四月卅日，由李登輝總統依職權發布總統令，明令公告終止動員戡亂時期，廢止動員戡亂時期臨時條款，公布「中華民國憲法增修條文」，三項總統命令自民國八十年五月一日零時起生效，臨時條款成爲我國在過去動員戡亂時期憲政的重要軌跡。

註　釋：

①耿雲卿，中華民國憲法論（台北：華欣文化事業中心，民國七十一年五月），頁二六三。

②江啓元，解嚴後台灣地區政治穩定之研究，中國文化大學，政治研究所，碩士論文，民國八十年，頁五六。

③胡佛，「當前政治民主化與憲政結構」，見國家政策研究中心，改革憲政（台北：國家政策研究資料中心，民國七十九年四月），頁四四。

④王子蘭，現行中華民國憲法史綱，增訂本（台北：台灣商務印書館，民國七十年六月），頁七四。

⑤國民大會秘書處編，第一屆國民大會實錄，第一編（台北：國民大會祕書處，民國五十年），頁一一一九。

⑥董翔飛，中國憲法與政府，廿四版（台北：自發行，民國八十一年九月），頁六八三。

⑦國民大會祕書處編，第一屆國民大會實錄，第二編（台北：國民大會祕書處，民國五十年），頁二〇四—二〇五。

⑧三民書局編，大法官會議解釋彙編（台北：三民書局，民國八十四年四月），頁三二。

⑨谷祖盛，臨時條款與憲法的適應或成長，政治作戰學校，政治研究所，碩士論文，民國

七十三年六月，頁九〇—九一。
⑩總統府公報第一〇四九號令，民國四十八年八月卅一日，頁一—二。
⑪總統府公報第三四四八號令，民國六十七年十二月十八日，頁三。
⑫總統府公報第三四六二號令，民國六十八年一月十八日，頁一。
⑬董翔飛，前揭書，頁一八一。
⑭總統府公報第一七七三號令，民國五十五年八月九日，頁一—二。
⑮殷海光，「是什麼，就說什麼」，自由中國，第十七卷，第三期，民國四十六年八月一日，頁三—四。
⑯國民大會祕書處編印，國民大會統計輯要（台北：國民大會祕書處，民國八十年十二月），頁二五。
⑰同上，頁三七—三九。
⑱總統府公報第一八二四號令，民國五十六年二月三日，頁一—二。
⑲羅志淵，中國憲政與政府，三版（台北：正中書局，民國六十八年），頁四九六。
⑳董翔飛，前揭書，頁二五五。
㉑同上。
㉒總統府公報第一八七四號令，民國五十六年七月廿八日，頁一—二。
㉓陳聰勝，行政院人事行政局地位與組織之研究，台灣大學，政治研究所，碩士論文，民國五十九年六月，頁三四五。

㉔中央選舉委員會編，中華民國選舉統計提要（三十五年—七十六年）（台北：中央選舉委員會，民國七十七年六月），頁八四—一五一。
㉕金耀基，中國民主之困局與發展（台北：時報文化公司，民國七十三年五月），頁二四一—二五。
㉖左潞生，比較憲法，再版（台北：文化圖書公司，民國五十六年六月），頁三二〇—三二一。
㉗許宗力，「憲政改革途徑的比較分析與建議」，見國家政策研究中心，改革憲政（台北：國家政策研究資料中心，民國七十九年四月），頁五五—五六。
㉘持此一主張之學者有林紀東、涂懷瑩、管歐、耿雲卿等人。見林紀東，中華民國憲法逐條釋義㈣，頁三九七。此外見管歐之中華民國憲法論，頁三三三—三三八；耿雲卿之中華民國憲法論，頁二六七；涂懷瑩之中華民國憲法原理，頁二七。
㉙董翔飛，前揭書，頁六八五。
㉚王成聖，中華民國憲法要義，再版（台北：中外圖書出版社，民國六十二年十二月），頁一七二。
㉛許宗力，前揭文，頁六三。
㉜許宗力，「動員戡亂時期臨時條款之法律問題」，中國比較法學會學報，第九輯，民國七十七年六月十五日，頁二二。
㉝左潞生，比較憲法，台八版（台北：正中書局，民國六十九年十月），頁六五一。

㉞董翔飛，前揭書，頁六八四。

㉟謝瀛洲，中華民國憲法論（台北：司法院祕書處，民國六十五年十月），頁十——十一。

㊱第一屆國民大會代表全國聯誼會編，「國民大會代表全國聯誼會簡史」（台北：國民大會祕書處，民國六十一年），頁五七八。

貳　戒嚴與憲政

一、戒嚴的緣起

政府因戡亂需要，於民國卅七年十二月十日由總統依據憲法第卅九條前半段規定：「總統依法宣布戒嚴，但須經立法院之通過或追認。」發布戒嚴令，明令「全國各省市，除新疆西康青海台灣四省及西藏外，均宣告戒嚴。」①並畫分「警戒地域」及「接戰地域」。民國卅八年，大陸情勢危急，戰爭即將影響到達台灣地區，五月十九日，台灣省警備總司令部發布戒嚴令，並自五月廿日起實施。同月廿七日，該部訂定「戒嚴期間防止非法集會、結社、遊行、請願、罷課、罷市、罷業等規定實施辦法」及「戒嚴期間新聞圖書管制辦法」，分別公布實施。這乃是根據戒嚴法第三條所爲臨時戒嚴的宣告。

民國三十八年十一月二日，行政院第九十四次會議通過國防部代電：「爲匪軍深入我東南及西北各省，而海南島、雲南、西康各地，猶深藏隱憂。爲加強戰備，用挽危局計，請將全國，包括海南島及台灣，一併劃作接戰地域，實施戒嚴。」同月廿二日，咨請立法院查照，並由東南軍政長官公署於民國三十九年一月八日以三九署檢字第四二二號代電分行並公告在案，畫定台灣省爲「接戰地域」，實施戒嚴，該項命令於民國卅九年三月十四日經立法院第五會期第六次會議通過。②國防部四十二年二月廿五日廉庶字第〇一三號令：「三十八年五月台灣省戒嚴令，係依戒嚴法第三條規定之程序，並經呈報在案。卅九年一月頒行之全國戒嚴令，將台灣畫分爲接戰地區，並經立法院追認有案，則台灣省之戒嚴，自應溯及於卅八年五月頒行戒嚴令之時，其所頒之戒嚴令，自不應因全國戒嚴令之頒行而失效。」③

民國卅八年下半年中共企圖以武力解放台灣，並高叫要血洗台灣，故而當時台灣戒嚴，是必要而無可避免的；同年十二月廿五日，共軍進犯金門，古寧頭戰役國軍大捷，從而暫時穩定台海局勢，但因中共始終未放棄併吞台灣的企圖，對於台灣的威脅一直存在，這是台灣戒嚴長期存在的主因。唯亦因此遭到諸多批評，因之，須先瞭解台灣戒嚴的真實狀況與範圍，才能正確評論台灣實施戒嚴的得與失。

二、戒嚴實施的範圍

戒嚴法的完全實施，其影響戒嚴保障個人基本自由，主要來自戒嚴法第六條、第七條、第八條、第九條、第十一條（如表二）

戒嚴法最嚴厲的是第六、第七兩條。第六條：「戒嚴時期，警戒地區內地方行政官及司法官處理有關軍事之事務，應受該地最高司令官之指揮。」第七條規定：「戒嚴時期，接戰地域內地方行政事務及司法事務移歸最高司令官掌管；其地方行政官及司法官應受該地最高司令官之指揮。」此種戒嚴與民主政治的軍民分治及司法獨立不相容，西方人士概念中的戒嚴是此種軍事管制的，但我國並未實施這些部分。

我國憲法保障個人基本自由包括了：人身自由（第八條、第九條）、居住遷徙自由（第十條）、意見表達自由—言論、講學、著作及出版自由（第十一條）、通訊自由（第十二條）、信仰宗教自由（第十三條）、集會結社自由（第十四條）、生存權、工作權、財產權（第

表二　戒嚴法全文中影響憲法保障個人基本自由的條文：

條文	內容
第六條	戒嚴時期，戒嚴地區內地方行政官及司法官處理有關軍事之事務，應受該地最高司令官之指揮。
第七條	戒嚴時期，接戰地域內地方行政事務及司法事務，移歸該地最高司令官掌管，其地方行政官及司法官應受該地最高司令官之指揮。
第八條	戒嚴時期，接戰區域內關於刑法上左列各罪，軍事機關得自行審判或交法院審判之：一、內亂罪。二、外患罪。三、妨害秩序罪。四、公共危險罪。五、僞造貨幣、有價證券及文書、印文各罪。六、殺人罪。七、妨害自由罪。八、搶奪強盜及海盜罪。九、恐嚇及擄人勒贖罪。十、毀棄損壞罪。
第九條	戒嚴時期，接戰地域內無法院或與其管轄之法院交通斷絕時，其刑事及民事案件，均得由該地軍事機關審判之。
	戒嚴地域內，最高司令官有執行左列事項之權： 一、得停止集會結社及遊行請願，並取締言論、講學、新聞、雜誌、圖畫、告白、標語暨其他出版品之認為與軍事有妨害者。上述集會、結社及遊行、請願，必要時並得解散之。 二、得限制或禁止人民之宗教活動有礙治安者。 三、對於人民罷市、罷工、罷課及其他罷業，得禁止及強制其回復原狀。 四、得拆閱郵信、電報，必要時並得扣留或沒收之。 五、得檢查出入境內之船舶、車輛、航空機及其他通訊交通工具，必要時得

第十一條	停止其交通，並得遮斷其主要道路及航線。 六、得檢查旅客之認為有嫌疑者。 七、因時機之必要，得檢查私有槍砲、彈藥、兵器、火具及其他危險物品，並得扣留或沒收之。 八、戒嚴地域內，對於建築物、船舶及認為情形可疑之住宅，得施行檢查，但不得故意損壞。 九、寄居於戒嚴地區內者，必要時得命其退出，並得對其遷入限制或禁止之。 十、因戒嚴上不得已時，得破壞人民之不動產，但應酌量補償之。 十一、在戒嚴地域內，民間之食糧物品及資源可供軍用者，得施行檢查或調查登記，必要時並得禁止其運出。其必須徵收者，應給予相當價額。

資料來源：著者整理。

十五條）等。戒嚴法第八條、第十一條雖限制了基本個人自由，但其實施範圍非全面的，而是有限度的，事實上，我國戒嚴的期間，有許多並未限制而形同具文，有些執行寬鬆，有些執行很嚴格，歸納而言，戒嚴實施的影響主要在以下各項：

㈠人身自由方面

人身自由方面最值得注意的乃是非軍人由軍事審判。現行憲法第九條規定：「人民除現役軍人外，不受軍事審判。」而戒嚴法第八條則規定刑法上的十種罪─內亂罪、外患罪、妨害秩序罪、公共危險罪、偽造貨幣、有價證券及文書、印文各罪、殺人罪、妨害自由罪、搶奪強盜及海盜罪、恐嚇及擄人勒贖罪、毀棄損壞罪等，軍事機關得自行審判或交由法院審判。此一範圍確實廣泛但又有其不確定性。行政院於民國五十六年四月一日修正「台灣省戒嚴時期軍法機關自行審判及交法院審判案件畫分辦法」，將軍法機關自行審判的案件縮小爲三種：

1.軍人犯罪。

2.犯戡亂時期檢肅匪諜條例、懲治叛亂條例所定之罪。

3.犯陸海空軍刑法第七十七條、第七十八條之屬於盜賣、買受軍油案件，及懲治盜匪條例第四條第一項第三款—盜取、毀損軍事交通或通訊器材；戰時交通電業設備及器材防護條例第十四條—竊盜或毀損交通電業設備及器材，第十五條—收受、搬運、寄藏、押保、熔毀被竊盜之交通電業設備及器材等罪。

由此可知，非軍人在戒嚴時期確有受軍事審判之規定，但非軍人受軍事審判的範圍不大，只有上列少數犯行，才由軍事審判，質言之，絕大多數人與此項審判無關。

㈡遷徙自由方面

戒嚴時期對人民遷徙自由影響最大者爲「三防」管制與檢查，我國由於大陸淪於共產黨的統治之下，中共對我台澎金馬，必欲得而甘心，造成了國家特別的緊急危難，當此之時，如何防止敵人對島內的滲透、顛覆活動，刻不容緩，因之，加強三防—國境防、海防、山防乃爲首務。

就國境防而言，旨在防止危害國家安全、社會安定的人和物入境，防止應受法律制裁的要犯或出境後有害於國家利益的人出境。戒嚴法第十一條以及依據戒嚴法制頒的子法有「戒嚴時期入境出境管理辦法」、「台北國際機場安全秩序維護辦法」、「台灣地區國際港口旅客行李檢查安全秩序維護辦法」等，均對人民入出境有所規範。

就海防而言，台灣（含澎湖）海岸線長達一、五六六·七公里，海岸線就是國防線，海防即國防。爲防止危害國家安全與社會秩序分子的偷渡進出、各種物資的走私、武器彈藥及毒品的非法入境，應加強海防，海防自然也會影響人民出入海岸的自由。關於戒嚴時期管制人民進出海岸的子法規定有「戒嚴時期台灣地區各機關及人民申請進出海岸及重要軍事設施地區辦法」、「台灣地區沿海海水浴場軍事管制辦法」、「戡亂時期台灣地區各港區漁民進出口檢查辦法」、「戒嚴時期台灣地區國際港口登輪管制辦法」等。

就山防而言，台灣面積爲三萬六千平方公里，而山地（含山坡地及高山林區）佔了七三·六五％，其中高山林區即佔了全台面積四六·六％，無論人和物均易於隱匿，且不易發覺，如有危害國家安全、社會秩序的分子潛入山地，後果嚴重，故而山防顯屬重要，山防規定自然也影響人民出入山地的自由。戒嚴時期關於山防的子法有「戒嚴時期台灣省區山地管制辦法」。

綜合而論，港口、機場出入境，以及海岸、山區的警戒與檢查，縱使平時已不可少，況在戒嚴時期？故而其價值應是肯定的，唯爲防範匪諜以及危害國家、社會安寧之分子，亦自必對一般人民在入出境、山防、海防造成不便，則是極難兩全的困境。

㈢意見表達自由方面

戒嚴法中有關意見表達自由方面影響與爭議最多的，則是在於出版品的管理：出版法第卅四條規定：「戰時或遇有變亂，或依憲法爲急速處分時，得依中央政府命令之所定，禁止或限制出版品關於政治、軍事、外交之機密，或違反地方治安事項之記載。」本條所稱「戰時或遇有變亂」可涵蓋戒嚴時期，本條對於出版品的禁限亦可適用於戒嚴時期。此後行政院於民國五十九年五月五日核准修正「台灣地區戒嚴時期出版物管制辦法」，這是戒嚴時期檢查、取締、扣押出版物的主要依據。依此法出版品檢查工作，交由警備總部政六處文化審核小組執行。禁止刊載的事項有八：1.洩露國防、政治、外交機密者。2.爲匪宣傳者。3.詆毀國家元首。4.違背反共國策之言論者。5.洩露未經軍事新聞機關公布，屬於「軍機範圍令」所列之各項軍事消息者。6.挑撥政府與人民感情。7.內容猥褻，有悖公序良俗或煽動他人犯罪。8.淆亂視聽，足以影響民心士氣。咸以此種詞句，內容含糊，難有標準，給予查禁單位以過大的行政自由裁量權。此外報紙限制家數、張數亦是戒嚴時期的規定，民國卅九年政府以台三九教字第六五一六號訓令報紙減篇幅，限今日報不得超過一大張半。民國四十年以行政院台四十教字第三一四八號訓令：「台灣省全省報紙、雜誌已達飽和點，爲節約用紙起見，今後新申請登記之報紙、雜誌、通訊社，應從嚴限制登記。」民國四十四年公布施行「戰時新聞用紙節約辦法」，規定各報社除特定紀念日外，其篇幅不得超過對開二張半，特定紀念日得出增刊，但其篇幅不得超過對開一張。民國六十三年四月起再調整爲三大張。至於新報社於民國四十九年起不再核准，直到民國七十七年一月一日解除報禁。

㈣集會結社遊行方面

戒嚴期間，集會雖須事先請治安機關核准，但很少有集會是先報准的，故集會方面執行較寬鬆。相對於集會，則禁止組黨可稱之爲戒嚴時期執行較嚴格的一項，在禁組政黨之下，民國四十九年「自由中國」停刊，雷震、傅正下獄，使「中國民主黨」的組黨運動畫下句點。此外，就遊行而言，亦是禁止的。

綜合而論，戒嚴的實施，並非完整的戒嚴法全部執行，其第六、七兩項的軍事管制並未實施，而基隆高雄的宵禁只在戒嚴初期實施了極短的時間，罷工、罷課、罷市雖是禁止，但從未發生過。戒嚴執行較有影響的則是：非軍人須受軍事審判、入出境的限制、出版品的管制、禁組政黨、限制報紙張數、禁止遊行等。此時期，警備總部有權管轄人民的入出境及新聞工作，並由軍事法庭審理非軍人犯罪案件，此外基於政治安定的作用，乃禁止組成新政黨，報紙的家數張數亦受到限制，由於「黨禁」的原因，使此一時期的政治反對力量薄弱。張劍寒研究指出，台灣戒嚴體制對民眾權益的限制，至少包括限制在憲法上明定的人身自由權，如言論、講學、出版、通訊、集會、結社的自由。④

三、戒嚴的檢討

㈠實施戒嚴的功能

台灣地區實施戒嚴，對我國政治發展是利弊互見，茲分析如下：

戒嚴的實施在於防止匪諜及台獨的活動，維持社會的安定。蔣經國總統即指出：「政府從卅八年播遷來台之後，爲防制中共的武力進犯與滲透顛覆，乃將台澎金馬列爲戒嚴地區，來維護國家整體安全，保障一個安定行憲的環境。」⑤

葛永光認爲實施戒嚴對台灣的利益，有三個方面，一是由於戒嚴的入出境管制，以及嚴密的山防和海防管制措施，使中共的滲透和顚覆活動受阻。二是戒嚴禁止新政黨的成立，因而，沒有出現分裂國家意志和多黨林立現象，黨爭和權力傾軋的情形也不致出現，國民意志亦較能集中，政治較易維持團結和諧。三是戒嚴禁止罷工、罷課、罷市、及限制聚眾遊行，因使社會秩序得以維持。⑥

持平論之，政府執行戒嚴，花費了相當大的人力和財力，其目的，乃在於國家安全、社會安定。基本上，它是達到了階段性的功能，戒嚴並未全部執行，它使部分人民的部分自由受到因戒嚴才有的限制，此即戒嚴雖是影響了民主政治的常態運作，但以戒嚴實施的年代，極廣大民眾並未有太多切身感受的原因。

㈡實施戒嚴的弊端

戒嚴的缺失，馬起華指出有三點：一是戒嚴執行的技術，似乎沒有多少改進，使之更合理，就違反戒嚴法令受到處罰的人，也少有作如何不違反法令以減少處罰的打算。二是缺少溝通的政治藝術，化解許多不必要的衝突，當然有關此點，馬氏亦認爲體制外的分離運動是沒有溝通妥協的餘地。三是戒嚴時期對出版物品的管制雖可援引「出版法」和「台灣地區戒嚴時期出版物管制辦法」，但事實上所採用的是後者，而非前者；後者是行政命令，前者卻是法律，此一做法似不符「法律效力高於命令」的規範。⑦

張玉法認爲實施戒嚴，對於我國民主政治的發展有下列不利因素：⑴使我國以戒嚴法統治聞名於世界，對國家形象損傷甚大。⑵人民的政治自由受限制，使權力的分配和轉移，趨於僵化。⑶基本人權不能獲得良好的維護與保障，不僅受世人抨擊，而且直接影響人民對政府的向心力。⑧

戒嚴的實施對民主政治的不利影響是多方面的，歸納分析如下：

1.就國家形象而言：戒嚴雖只實施部分，但martial law對西方世界的直接感受是刻版的（stereotypes）—軍事管制、宵禁、戰車停於路中，人權受完全壓抑等，我國雖非如此，但傷害是巨大的。

2.就民主政治發展言：戒嚴因考量政治安定，禁組新政黨，政黨政治是民主政治的精髓，因而戒嚴對民主政治發展是不利的。同時，戒嚴因限制集會、遊行、結社，故而對民主政治中政治參與規範面的設計不充分，沒有政治團體、政黨、集會遊行等相關規範來導引民主運作，對民主的實施是不完整的。

3.就憲法保障個人基本自由言：部分非軍人觸犯特別規定項目，須受軍事審判；此外言論、講學、出版、通訊、入出境管制等，對憲法保障人民自由都有一定程度的限制與影響。

4.就執行戒嚴的技術面言：缺乏有效或漸進的檢查、取締改革作爲，以致民主政治的容忍和妥協無法有效產生。以出版品管制爲例，因採事後檢查，一些內容經認定違禁的刊物多在印刷廠中、書報攤架上遭扣押，使得血本無歸，而另一方出版人及作者往往不理會「台灣地區戒嚴時期出版物管制辦法」的條文，造成兩極化對立態勢，而出版品取締條文的標準欠缺明確，亦易使查禁單位有過大的自由裁量權。

四、結語

綜合以上所論述戒嚴的得與失，衡諸戒嚴的成因、實施的範圍，戒嚴對我國政治發展是有利有弊，戒嚴的目的在保障國家的安全、社會的安定，人民的生命，而戒嚴發布於烽火連天之際，共產赤焰的威脅立即而明顯，戒嚴令源之於戒嚴法，戒嚴法爲特別法，故而戒嚴的時機、性質均屬合宜，而政府的實施有其限度，使生活在自由地區的多數民眾並未感受到戒嚴的存在，戒嚴時期，提供了一個國家社經發展的有力安定條件，對國家實力的厚植、社會動能的蓄積，意義是肯定的。當然，戒嚴使部分人民的部分自由受到限制，戒嚴亦影響了民主政治的發展，以及國家的形象，以大環境來看，非常時期能以有限的戒嚴，保障生存，而生存是最根本的，沒有生存，何談民主？能厚積國力，穩定時局，然後於適當時機，回復正常運作，這在危機中的國家應是最佳的選擇和步驟，中華民國政府即準此原則，逐步走向民主政治的理想。

註釋

①段紹禋，最新六法判解彙編，下冊，七版（台北：三民書局，民國七十二年七月），頁一七八五－一七八七。

②國家政策研究資料中心，台灣歷史年表：終戰篇Ⅰ（台北：國家政策研究資料中心，民國七十九年十一月），頁八二－一〇六。

③馬起華，民主與法治（台北：黎明文化公司，民國六十九年），頁一八四。

④張劍寒，戒嚴法研究（台北：漢苑出版社，民國六十五年六月），頁一〇八。

⑤行政院新聞局編印，蔣故總統經國先生七十六年及七十七年言論集，第一版（台北：行政院新聞局，民國七十七年六月），頁一六八。

⑥葛永光等著，現代化的困境與調適─中華民國轉型期的經驗（台北：幼獅文化公司，民國七十八年一月），頁一五。

⑦馬起華，當前政治問題研究（台北：黎明文化公司，民國八十年一月），頁七。

⑧張玉法，「從戒嚴到解嚴的一萬三千九百三十五天」，自立晚報，民國七十六年七月廿日，版二。

參　威權體制的轉型與解嚴

一、威權體制轉型的相關概念

民國七十六年解嚴，「威權—民主」的轉型過程，由於中國國民黨推動一連串重大政治改革，以及最大反對黨民進黨的成立，使台灣的政治型期進入「轉型期」。自由化、民主化爲重要概念。

普利茲沃斯基（A. Przeworski）將「自由化」（liberalization）視之爲威權體制的解體（the disintegration of authoritarian），而將「民主化」（democratization）視之爲民主制度的出現（the emergence of democratic）。①

奧唐諾（G. O'Donnell）與史密特（P. C. Schmitter）對於自由化與民主化的界定，「自由化」乃意指「保護古典自由主義者所主張基本的個人或社會權利，使其不受國家或第三者恣意或非法的侵犯。」而「民主化」則指「將公民權和民主程序原則取代先前運用其他統治原則的國家，或擴充人民參與政策、體制的討論、決定。」②亦即自由化指涉「公民權」（civil rights）的範疇，民主化則指涉「政治權利」（political rights）。

道爾（R. A. Dahl）則認爲唯有進行公開競爭（public contestation）和參與（participation）兩個層面並重的改革，才能達到「多元政治」（poliarchy）的目標，亦才得以建立民主化的政權。③

史提本（A. Stepan）將一個朝向民主化努力的現代化政體區分爲三個領域：民間社會

（civil society）政治社會（political society）與國家（the state）。民間社會是企圖透過組織運作而表達意見與增進本身利益的各種階級所組成的民間組織。政治社會是指企圖透過政治競爭而獲得對公權力和國家機關控制的政治團體。國家則不僅是要透過行政體系對國家機關進行控制，更進一步建立市民與公權力、市民與政治社會間的結構關係。因而政治自由化指的是民間社會的開放，政治民主化指的則是政治社會的開放。④

田弘茂認爲，自由化代表公民集會、結社、言論出版、資訊傳播以及社會、政治運動等方面的自主性趨勢（trend toward autonomy），這意味「黨國」逐漸減少對公民活動的干預和限制。而民主化則是一個演進的政治過程，逐漸將人民主權（popular sovereignty）與政治平等（political equality）的理想付諸實施。⑤

呂亞力以自由化乃爲種種限制人民自由與權利行使之束縛的解除，以及其主觀意識之自我解放，尤其是從對權威恐懼與敬畏中擺脫；民主化則是指權力之重新分配，政治參與的擴充或落實、民意對政策影響增加與特權的消除等。⑥

周陽山謂自由化是指旨在保護個人與社會團體，使其避免國家非法或違憲侵害的種種權利，得以發生實際效能的一段歷程。這些權利包括：使傳播媒體免於檢查或減少查禁；使自主性的社會團體有更大的組織活動空間；正當法律程序的人身保護；確保隱私權、言論自由、通訊自由、請願自由等，以及最重要的一點，是容許反對勢力的出現，並得自由的參與政治活動。至於民主化則係專指公民權或公民地位恢復與擴張的歷程，其進一步要求開放參政管道，甚至包括完全開放的競爭性選擧，其結果很可能是政權的合法轉移。⑦

前述界定紛陳，基本上，自由化乃是保障或恢復個人基本權利，以我國憲法言之，即憲法第八條至第十四條之人身自由、居住遷徙自由、意見自由（言論、講學、著作及出版自由）、祕密通訊自由、信仰宗教自由、集會結社自由等。民主化則是保障或恢復公民參政權利，以我國憲法言之，即憲法第十七條、十八條之四權行使和應考試、服公職之權。由公民參政權向外延伸的法制化（含憲法、各種選罷法規）、政黨競爭、和平轉移政權都屬政治民主化的範疇。

二、威權體制的指標分析

「威權轉型」，係指從威權轉變到民主的一段歷程。在轉型期中，有些民主型式已經奠立，但仍有某些屬於威權政體的保留部份，而從國際間的經驗來看，轉型期的時間長短不一，且並非是直線的或不可逆轉的。有鑒於此，如何確保自由化、民主化的實踐，有賴尋找一些明確的指標（indicators），用以衡量自由化、民主化的程度，並導引其進展。

明尼（C. S. Meaney）建立的指標具體可行，他認爲自由化需要有一個政治空間，使團體及個人的權利得以行使，但不含「執政黨轉讓其對成果的控制」。亦即自由化指標至少包括以下：⑧

1.新聞檢查的放鬆。

2.允許集會、抗議和示威。

3.容忍來自人民及反對勢力的批評。

4.組織政治團體或政黨的自由。

至於民主化，則在「轉讓對所有團體或組織成果的控制」此一定義之下，其指標抱括：

(1)允許政黨交替執政的政治制度與安排（不考量是否真正發生過）。

(2)活躍而非橡皮圖章的國會。

(3)軍隊或相關安全單位的勢力，從國內的政治過程中撤出。

(4)政黨、國家機關和人事的相互分開。

除此四點外，各項選舉的選舉品質（如過程的非暴力、無賄選、公平、公正、公開等）以及任期制建立，亦是民主化的重要指標。

結合我國實際狀況，則政治自由化的指標應包括：(1)解除戒嚴。(2)開放組黨。(3)新聞及言論自由。(4)集會遊行法制化。(5)刑法一〇〇條（內亂罪）的修改。(6)准許海外異議份子返國。(7)開放大陸返鄉探親。(8)出版、廣播電視法規再修訂。⑨

我國政治民主化的指標包括：(1)國是會議的召開。(2)終止動員戡亂時期。(3)廢止臨時條款。(4)回歸憲法。(5)修憲（含一機關兩階段修憲及後續）。(6)資深中央民意代表完全退職。(7)國會（國民大會、立法院）全面改選。(8)地方自治法制化。(9)省長、直轄市長民選。(10)總統公民直選。

三、威權體制轉型的理論依據

威權體制何以會發生轉型?研究者往往從各種面向去分析，例如領導者的認知與決心、經濟社會發展對政治結構的衝擊、反對運動的影響、政治文化與選舉競爭的因素、環境因素等，分述如下：

㈠領導者因素：

領導者因素乃重視人類行動者（human agent ）的研究途徑，認爲領導者（個人或團體）是具有意志（volitional），其會依照理性而選擇最適當的策略來達到目標，最後的結果是領導者意志的表現，因而研究的重心乃擺在領導者的觀念、態度、價值取向、策略形成等方面，亦即強調人創造結果，非環境造成。

㈡經社衝擊影響

主張經社衝擊影響最具代表性者爲現代化理論（Modernizaion Theory ），此一理論認爲民主政治乃是存在於富裕社會中，即經濟發展是民主化最先決條件。因爲經濟發展引發了工業化、都市化和提升教育水準，使人民具備充分能力參與政治。李普塞（S. M. Lipset）即持此一觀點，認爲民主政治與經濟是不可分的，同時民主政治與若干現代化的社會條件有關，例如社會的開放性、健全的溝通系統、低度分歧性等。

㈢反對運動的影響

持反對力量的研究途徑，乃認爲轉型的推動，反對勢力是最主要的觸媒。因爲透過反對運動—無論採用和平或暴力手段，使一般民眾產生對若干問題的思索，亦迫使政府當局面對改革壓力，重新塑造新的遊戲規則。反對運動的研究途徑，包括其組織的產生背景、組織的結構、組織的發展路線與策略、發展的有利因素等之探討。

㈣政治文化因素

政治文化（political culture）是指一政治體系的成員所共同具有之政治信仰與態度，爲維持並持續該體系的政治結構之必要條件。政治文化所包含的準則、價值與認同，則透過政治社會化的過程，灌輸到體系中的每一成員，形成他們的政治態度。⑪

依照白魯恂（Lucian W. Pye）對政治文化的看法，包括三個面向：⑴認知圖（cognitive map），爲人民對於政治事務所具有的知識和信念。⑵情感取向（affective orientation），對政治事務的好惡及熱心或冷漠態度。⑶評價過程（evaluative process）對事務的見解和價值判斷。⑫因此政治文化可分三類，即地域性取向（parochial orientation），成員中對政治體系的認知、情感及評價都偏低。臣屬性取向（subject orientation）爲對投入、參與的知識和行動偏低，但對政治體系及其決策，有較佳的知覺。參與性取向（participant orientation）對政治體系的知覺和涉入都有較高傾向。⑬亦即當政治參與的文化升高，以及人民對民主政治文化具有高度共識時，有助於轉型的發展。

㈤選舉競爭因素

任一政權都將面臨到民眾支持的問題，亦即如何建立政府統治基礎的合法性（legitimacy）至爲重要，而舉辦選舉則可達到政權已獲「大眾同意」的合法性作用。選舉爲一嚴酷考驗，對執政的政黨固有測試其組織動員能力，或繼續獲得合法地位的作用。⑭但對反對勢力而言，亦可透過競選活動深入群眾，組織、甄補、宣傳、教育選民、建立基層組織，是以選舉成為反對運動累積其政治資本的最佳途徑。

選舉一方面有促使政治文化變遷的作用，此因民眾置身於競選期間大量資訊刺激的環境，可使其有更多比較、分析的素材；另一方面透過選舉亦可使反對勢力成員逐漸接近國會議堂，雖其力量或未逮贏得政權，但亦可在法定程序上產生相當程度的制衡作用。選舉、反對勢力相互運作，成為一體兩面，對轉型期的發展有極大影響作用。

㈥國際結構因素

結構分析的研究途徑，強調結構限制了政治、經濟與社會過程，並影響決策者的「行為模式」。亦即認為國內政治、經濟各層面皆整合到國際體系中，受到國際體系變動的影響，當研究政治體系內的政治民主化、自由化問題時，國際環境是相當重要的關鍵。

綜合前述各種構成威權體制轉型的理論，可知轉型是複雜多面性的，並非只有單一因素，亦絕對無法認定某種研究途徑是唯一可行的。國內亦有學者從事檢討各種解釋台灣政治變遷的文獻，認為台灣政治自由化與民主化呈現高度的複雜性，不可偏執單一因素，各種理論需綜合，做多面向的觀察，才能一窺全貌。⑮

四、解嚴的背景因素

實施戒嚴乃是為維護國家整體安全，保障一個安定行憲的環境，保護一個全中國唯一未被赤化的淨土。戒嚴的實施爲權宜之計，政府亦並未嚴格全面的執行戒嚴法，而有「百分之三」的戒嚴之說。⑯雖然絕大多數的人沒有感受到戒嚴對於生活的不便，但政府執行嚴格的那一部份：如非軍人由軍事審判、黨禁、報禁、禁止罷工、罷課、罷市、出版物的管理等，則明顯的影響了政治自由化，亦間接使政治民主化無法徹底推動。如組黨是屬政治自由化，但因黨禁，而使得政黨政治下的政黨選舉競爭並不具備（民、青兩黨實力薄弱，缺乏制衡之力），且沒有政黨組織的零散力量（無黨籍人士）亦不足以構成政權轉移（透過選舉）的條件。「政黨—政黨」的參與競爭和政權轉移是屬政治民主化，它是必須植基於允許組黨的政治自由化之上。故而戒嚴的管制項目雖多爲政治自由化的層面，但不可避免地對政治民主化產生廣泛影響。

再者，政府實施黨禁、報禁，以及對言論自由和出版品的限制，雖然僅佔戒嚴的百分之三，但卻是部分在野人士欲積極參與政治活動的最大限制。（例如民國四十九年的中國民主黨組黨失敗是。）

政府實施戒嚴是一個兩難困境，民國卅八年的軍事危機，到民國四十七年的「八二三砲戰」，以及其後延續到中美斷交才停止的中共砲擊金馬外島，可說明我國處於「非常時期」，戒嚴有其必要性和背景因素，亦即戒嚴是「軍事」考量。到了民國七十六年七月一日，蔣經國總統宣告台澎地區自十五日零時起解嚴，正式開啓政治自由化的一連串改革，此時中共仍然存在，且仍是對我有敵意（其三不政策爲：不承認我爲政治實體、不放棄使用武力、不停止國際間對我之孤立），是故解嚴顯然是「政治」考量。解嚴的背景因素爲：

㈠中共的影響

台海兩岸的長期對峙狀態，對我國家安全構成威脅，亦因初始的安全考量乃有戒嚴的頒布（decree the martial law）。唯中共的對台政策，亦隨時空的變化而有所調整，雖本質上其欲達到統一政權的目標始終未變，但手段方法上，到了民國六十七年底，中共與美國宣布建交後，則有了改變。中共因國際上的有利形勢、國內經濟上改革開放的需要，乃將對台政策由過去「解放台灣」改為「和平統一」（但乃不排除使用武力），在「和平統一」下，先後推出「三通四流」、「葉九條與鄧五點」、「一國兩制」等一連串主動示好行動。

對於中共的和平統戰攻勢，我政府在「挑戰—回應」（challenge and response）的模式上，[17]基於過去歷史的教訓，採取「不接觸、不談判、不妥協」的三不政策，同時認為中共和平統戰的目的，在於瓦解我心防，鬆懈敵我意識，故而我政府並不理會中共和平統戰論調，且逐一予以批駁。民國七十五年華航貨機飛往廣州，華航與中共民航在香港的接觸、談判，索還人機，則是初次改變過去一成不變的守勢形象。為擴大國際空間，在外交上，政府亦趨積極不迴避態度，唯就「政府—政府」關係上，則仍是相當堅持原則的。

促使政府進一步考量兩岸關係的發展，基本上並非回應中共的統戰策略，而是兩岸民間的活動日益頻繁有以致之。與日俱增的兩岸離散家庭信件往來、探親、貿易（以上多透過香港、日、韓進行），最後終使我政府在宣告解嚴後，並基於人道立場，開放國人赴大陸探親。質言之，解嚴並非政府接受中共的「和平統一」策略，但中共「和平統一」的推動下，增加了台海表面穩定的氣氛，緩和過去劍拔弩張的緊張態勢，則是政府得以考慮解嚴的重要因素。

㈡國際的影響

國際間對我國的影響，最主要的來自兩方面，一是美國、一是東亞鄰國。就美國而言，由於我國在政治、經濟、軍事上的依賴程度甚大，在爭取美國有形無形的支持時，往往須承受其自由民主人權觀念的壓力。⑱特別是在中美斷交後，「台灣關係法」第二條第三項的人權條款，說明：「本法任何條文不得與美國對人權之關切相抵觸，尤其是有關居住在台灣的一千八百萬全體人民之人權」。民國六十八年以後，美國國會曾針對我國之政治發展舉行多次聽證會，自由派議員索拉茲（S. J. Solarz）、李奇（J. Leach）、派爾（C.Pell）、甘迺迪（E. Kennedy）等人，均認爲戒嚴的存在會破壞雙方關係。⑲這從其後政府宣告解嚴，美國國務院立即表示歡迎，並稱對未來的改革深具信心，⑳顯示內政上的解嚴與國際外交上，仍有密切關連性。亦即解嚴有助於國際形象的改善。

就東亞鄰國的影響而言，主要是菲律賓、韓國的民主化運動。菲律賓在一九四六年至一九七二年採行美式的典型民主體制，被譽爲亞洲「民主櫥窗」，但因嚴重的官員貪污、經濟蕭條、貧富差距擴大、共黨滲透破壞等亂象，㉑馬可仕（Ferdinand Marcos）在一九七二年宣布實施戒嚴，馬可仕政權的特權橫行、貪污腐化與家族政治，到了一九八三年八月，因馬可仕的政敵，前參議員艾奎諾被暗殺身亡，人民紛紛走上街頭，要求民主與人權，終而導致一九八六年的二月革命，這一場不流血革命，使馬可仕下台去國，艾奎諾夫人在人民力量付託下接掌政權。

韓國的政治環境受到地理位置、歷史背景、民族性、南北韓分裂以及償還推動經濟建設的巨額外債等因素之影響甚大，使韓國難有安定的政局。一九七九年十月廿六日朴正熙被刺身亡，結束其長達十八年的執政。全斗煥就任總統後，民間提出修改憲法，保障基本人權，由人民直選總統等要求，終於在一九八七年六月爆發全國大示威，約有百萬人以上參與，美、日等國紛紛規勸韓國政府勿採戒嚴等方式對抗。㉒此時盧泰愚終於發布「民主化特別宣言」，進行修憲工作，此項關鍵性抉擇爲韓國局勢帶來正面影響。

韓國、菲律賓的政治發展是否對我國產生影響？影響程度有多大？有謂鄰國民主化氣氛的感染，最能解釋拉丁美洲及東亞各國的局勢，東亞各國的民主化浪潮，從菲律賓、南韓到台灣，並進而波及東南亞各國。㉓亦有謂這些鄰國的波動對國民黨政府構成無形的壓力。㉔基本上，我國與韓、菲兩國政情並不相同，差別且甚大。韓國的長期軍人干政、經濟困境、貧富懸殊、學生運動均與我國不同，菲律賓的經濟長期衰退、內政不彰更無法與我國相比擬。若加分析，我國政局在解嚴前，因經濟持續繁榮、社會充滿活力，以當時的反對運動實力，尚不足對國民黨造成立即而嚴重的威脅，因此東亞局勢對主政當局的採取解嚴是屬無形的壓力。

㈢國內經社的發展

台灣地區經濟發展成就斐然，它所締造的奇蹟包括：⑴自落後的農業社會，轉變為新興工業化社會。⑵自惡性物價膨脹，進步為穩定而快速成長。⑶自依賴美援，達到自力成長。⑷突破資源貧乏，國內市場狹小限制，成為貿易大國。⑸自財政收支鉅額赤字，轉變為剩餘。⑹自失業問題嚴重，進步到充分就業。⑺自所得不均，轉變為所得差距最小的國家之一。㉕以台灣過去的經濟發展來看，由於中產階級出現，加上教育普及，都市化程度高，使政治愈趨於多元化。

現代化理論普遍認為經濟發展是民主化最先決的條件。間有學者提出質疑，認為經濟狀況與政治狀況之間，並非是有著不變的相關性，甚且快速的經濟發展，常招來政治的不穩定。㉖卡波（J. F. Copper）即表示，台灣加速邁向多元化的工業社會，這種多樣而深層的變化，將對政治體系產生廣泛的穩定或不穩定的作用。可能提昇政治現代化，或者給主政者製造嚴重的問題。因此社會的變遷，明顯的具有雙重作用。

經濟發展與社會變遷對政治穩定而言，存在著諸多變數，如參與需求擴大、社會分化造成脫序、主政者的態度等均是。以我國解嚴前發生的社會運動有：㉘

1.消費者運動（民國六十九年）
2.反污染自力救濟運動（民國六十九年）
3.生態保育運動（民國七十年）
4.婦女運動（民國七十一年）
5.原住民人權運動（民國七十二年）

6.學生運動（民國七十五年）

7.新約教會抗議運動（民國七十五年）

蕭新煌分析其中原因，或爲民間社會不滿政府對於新興社會問題的漠視；或爲對某些特定政策或措施的抗議；或爲有意識的向國家機關長期對民間社會的支配進行挑戰；或爲有意突破某種敏感的政治約束。㉙就在民國七十年代以後，「經濟力」培植了「社會力」，「社會力」多面向尋求突破「政治力」已是發展趨勢。唯就我國長期以來經濟、社會穩健的成長，對於政治民主化或轉型毋寧是有助益的：

1.民主政治的失敗，多發生於貧窮、落後、混亂與文盲的社會，因其群眾最易被激發、煽動。而在台灣的社會邁向富裕、進步、穩定、教育程度高的同時，較少有激情而能爲社會大眾所接受，故較有利於透過理性、思辯過程，建構和諧融洽的環境。

2.台灣地區的發展已進入資本制生產的社會經濟體制，這種講求公平競爭的企業精神下，容易產生民主價值的信仰，而對於金錢與權力的不當結合，亦能展現出反感和牽制的作用。

3.中產階級形成爲社會的中堅份子。中產階級亦提高了社會及政治意識，促使民眾期待民主化腳步加快，而其所具有一定的「公民社會」價值判斷，有助於社會的進步和穩定。

台灣地區的經濟條件、社會型態和教育普及均是走向民主的有利因素，蔣經國總統即表示：「在現階段解除戒嚴，是政府一貫恪守誠信的明證，是國家邁向一個新里程的開始，也是我們對國家前途充滿信心的宣示。」㉚解嚴前台灣地區經濟發展和社會變遷所孕育的特質，確有助於使主政者下定決心向民主過渡。

㈣反對運動的訴求

在戒嚴時期，政治反對運動是透過定期的公職選舉而逐漸凝聚，形成相當的力量。道爾（R. A. Dahl）指出，民主制度的發展有三個面向，以投票參與政府決定的權力，選舉被代表的權利，在選舉和在國會中成立有組織的反對派爭取選票以對抗政府的權利。㉛國內之反對運動的人士經由選舉的逐次考驗，所獲得的當選率和得票率，呈現緩慢而穩定的成長，顯示台灣地區已朝多元化的政治方向發展。

反對運動的成長過程，係由無黨無派的獨立個體，進而爲「黨外」政團型態的鬆散組合，再進一步成立政黨組織。「黨外」名稱的廣泛使用，是在民國六十六年十一月五項公職人員選舉時，該次選舉國民黨成績欠佳，「黨外」人士以全島串聯方式，贏得五席縣市長、廿一席省議員、六席台北市議員。次年（民國六十七年）的增額中央民意代表選舉期間，反對人士組成「台灣黨外人士助選團」全省巡迴助講，並提出共同政見和選舉主題，「黨外」一詞成爲無黨籍人士中的政治異議分子共同使用的符號。嚴格分析，「黨外」一詞有語義上的混淆，因「黨外」的最初意義，是執政的國民黨稱本身爲「本黨」，稱非國民黨籍者爲「黨外」，這是以國民黨立場的表達法，其後爲無黨籍反對人士使用，自稱己爲「黨外」，則語意相當含混。

民國七十年地方選舉，黨外人士組成「黨外選舉團」、七十二年增額立委選舉，成立「

黨外中央後援會」，另有部分黨外新生代組成「黨外編輯作家聯誼會」，七十三年五月「黨外公職人員公共政策研究會」（公政會）成立，並設立「黨外中央選舉後援會」。七十五年全省各地紛設公政會分會（共計十四個分會），前述發展顯示黨外已有雛型政黨的規模與運作基礎。國民黨亦於民國七十五年三月十二屆三中全會通過「以黨的革新帶動全面革新」案，並於四月起由十二位中常委研擬「解除戒嚴」、「開放黨禁」、「充實中央民意代表機構」、「地方自治法制化」、「社會風氣與治安」、「黨的中心任務」等六項革新方案。㉜黨外人士於民國七十五年九月廿八日搶先宣布成立「民主進步黨」。

反對運動與解嚴之間的關係實相連，如無政治上反對勢力，執政的國民黨則無需現時即討論解嚴、開放黨禁等六項議題，討論該等問題，反對運動顯已具有相當程度影響力。唯論者或有謂反對運動為此次改革最主要觸媒，其以國民黨一方面未受到資本家全然支持，投資率逐漸下降，另一方面反對運動不斷對其政權進行體制內、體制外抗爭，其正當性基礎甚受質疑。㉝對此應持保留態度：

1.從解嚴前歷次選舉、當選率觀察，黨外人士的實力，尚不足以稱已構成對國民黨的直接威脅。以民國七十四年省市議員選舉，經黨外推薦當選席次廿五人（佔一四・七一%），得票率為一五・七四%。同年的縣市長選舉，經黨外推薦當選者一人（佔四・七六%），得票率一四・八六%。民國七十五年底立法委員選舉，黨外推薦當選席次十二人（佔一六・四四%），得票率二二・一七%。如包含其他反對候選人士（即一般無黨籍者，有別於黨外推薦的「真黨外」，黨外身份之認定可參考李筱峰「台灣民主四十年」一書）七十四年縣市長當選四人（佔一九・〇五%），得票率三七・六一%，省市議員當選三九人（佔二二・九五%），得票率三〇・一〇%。民國七十五年的選擧，國民黨仍得到總投票率的百分之六十九的支持，顯示其執政仍是獲得多數人民的認同。

2.從社會穩定性觀察，雖在解嚴前已有若干社會運動，但層面仍是有限。我國經濟持續成長，投資的不振，因素甚多，非一個原因所能涵蓋，經濟自由化的多步驟，亦在解決若干瓶頸。社會平穩除選擧中支持國民黨籍候選人佔相當高比例外，另從民國七十六年的民意調查顯示，我國成人有百分之五十以上自認是中產階級，這些自認是中產階級的民衆，都認爲他們的社會地位比上一代高，而他們下一代的社會地位又會比他們高。㉞余英時曾指出：「經國先生推行民主改革，決不是完全向台灣的社會現象求取妥協與適應。他集大權於一身，而總不濫用權力，甚至容忍少數人對他的無理辱罵，我不相信這是由於他爲客觀形勢所迫，而不得不示弱；相反的，他是爲了民主理想的實現，而寧願付出這一點無足輕重的代價。」㉟從整個社會結構穩定性分析，解嚴前的反對勢力雖有其一定程度影響力，但全局尚在國民黨政府主導下，殆無疑義。

㈤執政者改革的決心

解除戒嚴和推動改革的全面性變遷，除了內外的環境因素考量外，執政者的認知與決心應是最具決定的關鍵因素。蔣經國總統晚年所發動的民主改革，使政治環境有了大幅改觀。曾任行政院長的孫運璿指出：「我擔任行政院長時，經國先生曾多次與我談及有關政治革新的問題，在他內心有一個時間表，認爲經濟建設成功，社會穩定，人民安和樂利了再尋求政治發展建設。」㊱蔣經國即在我國經濟持續成長、社會日趨多元化下，全力推動政治革新工作。白魯恂（L. W. Pye）指出，蔣經國有兩項主要成就，使其列爲世界級的卓越領袖，一是以極佳方法，減低本省人和外省人之間的差距，並使台灣地區所有中國人之間保持和諧；二是他促使政治反對力量合法化，並設定了民主政治發展的各個階段。㊲

誠然改革之途並不容易，杭廷頓（S. P. Huntington）即認爲，改革者道路之艱難來自三方面，一是他面臨保守者、革命者兩面作戰。二是改革者須比革命家更懂得掌握社會勢力和社會變遷。三是改革者如何選擇改革途徑及其優先順序頗值困擾。因此，成功的革命家不定是一流的政治家，成功的改革者則必是出色的政治家。㊳蔣經國主導的政治改革起點，是於民國七十五年三月廿九日舉行的國民黨十二屆三中全會，會議中達成了「以黨的革新帶動全面革新」的共識。其後蔣氏於四月九日指定國民黨十二位中常委員負責研擬六項革新方案（包括解除戒嚴、開放黨禁、充實中央民意代表機構、地方自治法制化、社會風氣與治安、黨的中心任務），負責人爲技術官僚出身的前總統嚴家淦以及台籍精英輩份甚高的前副總統謝東閔，其他成員分別包括了黨內自由派、保守派中極具影響力者。

蔣經國推動的政治改革極具前瞻性，其在國民黨中常會多次談話，可見其理念和決心：「時代在變，環境在變，潮流也在變，因應這些變遷，執政黨必須以新的觀念、新的做法，在民主憲政體制的基礎上，推動革新措施，唯有如此，才能與時代潮流相結合，才能與民眾永遠在一起。」㊴其並勉勵五院院長：「只要有決心和誠意，認清形勢，把握原則，事事以國家整體利益和民眾福祉爲先，走正確的道路，踏穩腳步，勇往直前，自必克服一切困難。」㊵唯當時國民黨內部仍有阻力，據稱在中常會有超過三分之二的資深委員反對他的改革，軍方（尤其是警備總部）對解嚴後大權旁落亦深感不悅，蔣氏終能以不斷宣示其決心和見解，消除若干疑慮和不前。㊶

民國七十五年六月，十二人小組提出六點改革計劃：⑴充實中央民意代表機構。⑵地方自治法制化。⑶簡化國家安全法律。⑷制定人民團體組織法。⑸強化公共政策。⑹強化黨務工作。蔣氏特別指示先針對⑶⑷兩項擬定更詳細的計畫。㊷

蔣氏推動改革的同時，則予反對人士以較大寬容。首先是國民黨在決定研擬六項方案之後，黨外「公共政策研究會」紛紛成立分會，引起國民黨內部反對之聲，亦成爲蔣氏推動政治革新的一項難題，然蔣氏卻以「溝通」方式與黨外取得解決方案，其後「溝通」雖了無進展或被迫取消，但因執政當局始終未對「公政會」分會採取實際行動，無形中等於「默許」黨外提昇「組織化」的作爲。其後是蔣氏在民國七十五年七月在接受訪問時明確表示，未來一年內台灣地區將解嚴，黨外即於九月廿八日在台北圓山大飯店搶先宣布成立「民主進步黨」，突破了將近卅八年的黨禁封鎖。此時國民黨內部多主張取締，但蔣氏不贊成鎮壓行動，反而指示與尚無法律地位的民進黨溝通，以化解政治衝突。㊸隨後在十月十五日國民黨中常會優先通過解除戒嚴和開放黨禁兩項議題：㈠廢止戒嚴令，代之以「國家安全法」。㈡修改「人民團體組織法」中禁止新黨之規定，但要求新登記的政黨須符合「反共」、「遵守憲法」、「不得有分離意識」的三項原則。上述動作，等於已默許民進黨的存在。到了民國七十六年六月底立法院三讀通過「動員戡亂時期國家安全法」，七月十五日政府正式宣布解除戒嚴，我國憲政發展進入一個新的階段。

綜觀解嚴的條件，是相互影響與催化的作用。正如蔣氏所稱：㊹

經國自己深感責任重大，相信每一位同志對於自己的責任都有同感。但是，外來的壓力越大，我們內部越要團結。……環顧今日國內外的環境，我們要求突破困難，再創新局，就必須在觀念上及作法上作必要的檢討與研究。

從上述談話中，可以肯定國際局勢、兩岸態勢、國內社會變遷、經濟發展以及執政者改革的決心、反對運動者對民主的需求等，對於解嚴的形成都有影響。就程度而言，執政者改革的決心與反對運動的發展占重要地位。唯深論之，政府能在民國七十六年即宣布解嚴，而未延至其後任何時期，或使民主改革遙遙無期，執政者改革的決心，則應居於關鍵地位。其他外環境因素以及國內經濟發展、社會變遷則屬相關的情境因素影響。

五、解嚴的時代意義

民國七十六年七月十四日總統令：「准立法院中華民國七十六年七月八日(76)台院議字第一六四一號咨，宣告台灣地區自七十六年七月十五日零時起解嚴。」七月十四日行政院新聞局所發表的「解嚴聲明」，說明解嚴的意義如下：㊺

民國三十八年中共全面叛亂，國家處於危急存亡之秋，政府為確保復興基地的安全，別無選擇的宣告台灣地區戒嚴。三十餘年來，一方面採行最小限度的戒嚴措施，一方面積極推動民主憲政，終於獲致政治民主、經濟繁榮、文化發達、社會安定的卓越成果。在此過程中，事實上，國人受到戒嚴措施的影響極其有限，甚至尚有部分國人不知台灣地區一直實施戒嚴。因之，為期加速推動民主憲政，貫徹憲法精神，使政治更民主，社會更開放，人民更幸福，政府乃宣告台灣地區自明日零時起解嚴。此一決定，實為我國民主憲政發展史上一個新的里程碑。

邵玉銘指出：解嚴至少有三方面的實質意義：㊻

1.軍事管制範圍的減縮與普通行政及司法機關職權的擴張：平民不再受軍事審判，而且縱使是現役軍人，如其所犯者爲較輕微的犯罪行爲，也不受軍事審判。出入境及出版品的管理，分別由警察機關及行政院新聞局負責。

2.人民從事政治活動，將以普通法律保障並促成，因之，在立法院通過「人民團體組織法」與「集會遊行法」後，人民將可依法組黨結社及集會遊行。

3.行政主管機關的行政裁量權也不再如戒嚴時期的廣泛和較有彈性，使一般人民或民意機關更能發揮督促或監督的功能。

行政院新聞局於七月十四日同時宣布廢止了與戒嚴法有關的行政命令，共計有三十種之多：㊼

1.戒嚴時期台灣地區港口機場旅客入境出境查驗辦法。

2.戡亂時期台灣地區內河船筏檢查管理辦法。

3.戒嚴時期台灣地區各機關及人民申請進出海岸及重要軍事設施地區辦法。

4.戰時台灣地區公路交通管制辦法。

5.台灣地區戒嚴時期出版物管制辦法。
6.戡亂時期台灣地區各港區漁船漁民進出港口檢查辦法。
7.管制匪報書刊入口辦法。
8.台灣地區沿海海水浴場軍事管制辦法。
9.台北衛戍區人員車輛及危險物品進出檢查管制辦法。
10戒嚴時期台灣地區查禁匪偽郵票實施辦法。
11戒嚴時期台灣省區山地管制辦法。
12戒嚴時期台灣地區國際港口登輪管制辦法。
13台灣地區戒嚴通行核發辦法。
14戡亂時期台灣地區入境出境管理綱要。
15電信密檢聯繫辦法。
16台灣省戒嚴時期郵電檢查實施辦法。
17台灣地區戒嚴時期軍法機關自行審判及交法院審判案件劃分辦法。
18台灣地區國際港口旅客行李檢查室安全秩序維護辦法。
19台灣地區國際民用航空器旅客空勤人員及物品檢查辦法。
20台北國際機場安全秩序維護辦法。
21戡亂時期台灣地區民航機構空地勤人員管制辦法。
22戡亂時期台灣地區民航機構空地勤人員管制辦法施行細則。

23台灣地區環島飛行民航機旅客檢查及限制辦法。
24攝影記者進入台北國際機場攝影規則。
25台灣警備總司令部航空安全工作督導實施辦法。
26台灣地區國際港口軍援船檢查辦法。
27戡亂時期台灣地區入境出境管制辦法。
28台灣地區國際港口出入國境證照查驗站編組辦法。
29台灣省戒嚴時期取締流氓辦法。
30台灣省戒嚴時期戶口臨時檢查實施辦法。

這批行政命令均爲依戒嚴法所頒行的子法，隨著解嚴而停止適用。解嚴的意義從憲政發展觀點言，則爲人民權利義務將恢復憲法第二章的條文施行，它與戒嚴時期有很大的出入（參見表三），人民可依法集會、結社、享有充分言論自由和人身自由，不僅確保政治自由化的落實發展，並有助於導引政治民主化的逐步達成。

六、解嚴後發展情形

解嚴後到民國八十年終止戡亂時期以前，自由化的腳步已大步前進，在國家安全的維護及落實政治自由化上，有國家安全法的實施，以及開放組黨、新聞及言論自由、集會遊行合法化、准許海外異議人士返國、開放返鄉探親等自由化的推展。

表三　解嚴前後人民權利義務狀態對照表

項目	解嚴前	解嚴後
入出境管理	一、申請入出境需要由各縣市警察局核轉。 二、出境需覓保證。 三、出入境證遺失，申請補發，需繳遺失保證書。 四、申請入出境所繳戶籍謄本有效期爲三個月。 五、未經許可之入出境案件未有審查委員會複審。	一、直接送境管局辦理，可節省民眾申請時間四至七天。 二、除其他法令規定需具保者外，其餘一律免保。 三、遺失免繳保證書，免除人民找對保的麻煩。 四、有效期限延長爲六個月。 五、特設人民申請入出境未經許可案件審查委員會複審未經許可入出境案件。
海岸管理	一、海岸管制地區爲各海岸距離高潮線五百公尺以內地區。 二、經常管制區長度一千三百七十四公里。面積六百十七平方公里，特定管制區長三七公里，面積十八點五五平方公里。	一、縮短爲高潮線三百公尺。 二、經常管制區縮減爲三三點五公里，面積十點〇五平方公里，特定管制區爲五百〇七點八公里，面積爲一百五十二點三平方公里。
山地管理	現有三十山地管制區（即山地鄉），二十一個山地管制遊覽區，六十二個山地區及六個平地行政管制區。	簡化爲二十九個山地經常管制區及三十二個山地特定管理區，其中山地開放區、平地行政管制區均解除限制。

犯罪管轄區	一、非軍人犯匪諜叛亂案件、竊盜或損毀戰時交通或通信器材罪，以及重大殺人強劫案，得經行政院核定由軍法機關審判。 二、軍人犯罪概由軍法機關自行審判。	一、非現役軍人不受軍事審判。 二、軍人除犯刑法第六十一條輕微罪移由普通法院審理外，其餘均交軍事審判。
人身自由權	治安人員得於晚間實施臨檢及晚間察查戶口	政府擬議警察人員如有必要於夜間查察戶口時，得經警察首長核准、會同村里長行之。
集會遊行權	最高司令官得停止集會遊行，必要時得解散之。	將制定「集會遊行法」加以規範，依法定程序申請許可，並獲保釋。
結社自由權	戒嚴地區最高司令官得停止結社。政府事實上禁止政治團體成立。	政府將修正「非常時期人民團體組織法」及「動員戡亂時期公職人員選舉罷免法」、有條件開放政治團體的成立。
言論自由權	軍事機關得取締言論、講學、新聞、雜誌、圖書等出版物之認爲與軍事有妨害者。其審查權力相當廣泛。	出版物審查均劃歸文職機關掌管。對於違法出版品的認定有比較明確的標準。
通訊自由權	軍事機關得拆閱郵信電報，必要時並得扣留或沒收。	依據戡亂時期及動員時期法令規定，軍政機關仍具有電信及郵電抽查權。

勞資自由權	軍事機關得禁止罷工。	依據法令規定，罷工仍受禁止，不過政府已研擬有限度開放罷工權的行使。

資料來源：聯合報，民國七十六年七月十七日，第二版。

(一)國安法的實施

國安法是我國行憲以來爭議甚多的法典之一。它從制定的過程當中，各方面贊成、反對、批評的言論沓至，可說發言盈庭，立法院內激烈辯論，院外「只要解嚴，不要國安法」的街頭運動接二連三。㊽反對派人士的街頭抗爭八次之多。㊾

國安法的制定源於民國七十五年十月十五日，國民黨中常會通過決定要廢止戒嚴令，同時要另行制定「國家安全法」。民國七十六年三月九日立法院內政、司法、國防三委員會開始審查，先後舉行十五次聯席會議，委員發言三四〇人次，三月十六日並舉行學者專家聽證會。經提報院會於六月十九日、廿三日討論，有委員卅七人次發言，終於在廿三日三讀通過，由總統於七月一日公布，全文十條。其大要如左：

第一條係闡明動員戡亂時期，爲確保國家安全，維護社會安定而制定本法。

第二條乃規範人民集會、結社，不得違背憲法或主張共產主義，或主張分裂國土。

第三條爲人民入出境應向內政部警政署入出境管理局申請許可。未經許可者，不得入出境。

第四條爲警察機關必要時得對下列人員、物品及運輸工具實施檢查：(1)入出境之旅客及其所攜帶之物件。⑵入出境之船舶、航空器或其他運輸工具。⑶航行境內之船筏、航空器及其客貨。⑷前兩項運輸工具之船員、機員、漁民或其他從業人員及其攜帶之物件。

第五條乃爲確保海防及軍事設施安全並維護山地治安，得由國防部會同內政部指定海岸、山地或重要軍事設施地區劃爲管制區。人民入出前項管制區，應向該管機關申請許可。

第六條、第七條爲罰則。違反第三條第一項未經許可入出境，處三年以下有期徒刑、拘役或併科三萬元以下罰金。違反第四條者處六月以下有期徒刑、拘役或併科五千元以下罰金。違反第五條第二項者處六月以下有期徒刑、拘役或併科五千元以下罰金。

第八條爲規定非現役軍人，不受軍事審判。

第九條爲戒嚴時期戒嚴地域內，經軍事審判機關審判之非現役軍人刑事案件，於解嚴後之處理情形。

第十條爲國安法施行細則及施行日期，由行政院定之。

國安法於民國七十五年七月一日公布，七月七日立法院通過「解嚴案」及「動員戡亂時期國家安全法施行細則」五十條。七月十四日總統宣告次日起解嚴。同日行政院令，國安法定於同年七月十五日施行。政府對國安法的實施有如左說明：㊿

中共對我之威脅迄未稍減；對我之滲透、顚覆不會放鬆，故我國仍處於動員戡亂時期，而絕非太盛世之局面……因此，若干必要的防範措施，實屬不可避免。解嚴之後，為確保國家安全、維護社會安定，乃將與國家安全有關而為各國所採行的入出境管理、公共安全之檢查以及山防、海防等尚無其他法律加以規範的事項，以稍簡的方式，採行最少限度的立法精神，制定了「動員戡亂時期國家安全法」，期能一方面邁向民主憲政的大道，一方面維護國家的安全、社會的安全以及人民的安康。

國安法在制定過程中，贊成者多以國家安全爲首要考慮，而反對者則約有兩種主張，一是根本否定國安法制定的必要性；一是主張不制定國安法，而另制定法律或修改其他法律以爲替代。主張制定國安法者理由如下：51

1.解嚴並非解除武裝，故而有必要制定國安法彌補解嚴後留下的國防漏洞。特別是依據戒嚴法所制定有關鞏固三防（國境防、海防、山防）的子法都要廢除，國安法即在堵塞解嚴後留下的安全空隙。

2.國安法與各種有關國家安全的法律並不重疊，且這些國家安全有關的法律，不足以勝三防之任。如要塞堡壘法，只是點的防衛，無法概括海防，因爲海防是線的防衛；非常時期農礦工商管理條例及國家總動員法，均無三防的規定；懲治叛亂條例、妨害軍機治罪條例、戡亂時期檢肅匪諜條例及刑法的內亂罪和外患罪，不僅無三防的規定，且都是懲治性的，與國安法之具有預防性者不同。如不制定國安法而制定他法或修改他法，不僅曠日持久，且同樣有爭論。

3.保障國家安全是國家重要目的和手段。生存是國家第一法則，國家須先求生存、後求發展，因此國家必須排除危害其安全的各種因素，包括外來的侵犯和內在的顛覆。從政治上看，憲法、共產主義、台獨與國家安全有關，憲法是國家根本大法，共產主義不合人性且危及國家安全，台獨主張分離運動，偏狹短淺且徒增紛擾。故以國安法第二條三原則有其必要性。即人民集會、結社，不得違背憲法、主張共產主義，或主張分裂國土。

4.國安法的位階在法制級序上是憲法第一七〇條所稱的法律，是中央法規標準法第十一條規定在憲法之下，命令之上的法律。將原戒嚴法的部分子法所定的事項，規定在國安法中，乃是爲保三防所必需，不但提高了原位階，而且規定亦不盡相同，並不是以國安法取代戒嚴法，亦非換湯不換藥。故不宜以對待戒嚴法的同樣態度來對待國安法，亦即現階段不必戒嚴，但不能說現階段不要三防。

反對制定國安法者理由如下：㊾

1.徵之以世界法學發展趨勢，鮮有國家制定國家安全法者。一則現行法律已夠保障國家安全，有無國安法，並無關乎國家安全；再則制定國安法，將使國家緊急法制權益形紊亂，背離憲政精神，故而無須國安法。

2.觀之以憲法與戒嚴法所規定的解嚴條件，都不包括制定國安法，顯然該法並非解嚴的必要條件，乃是戒嚴法的借屍還魂，換湯不換藥，新瓶裝舊酒，無此必要。

3.可分別制定「出入境管理條例」、「解嚴程序條例」、「集會法」、「結社法」、「軍事設施管制法」，並修改「要塞堡壘地帶法」以涵蓋海防、山防，不必要制定國安法。

4.從國安法之法條內容分析，國家安全的大架構下，內容顯得貧乏，並沒有整合現有全部國家安全的法律，使之更臻完備。第二條之三原則和其他條文不連貫，頗似拼裝車，其爲政治用語，非法律用語，且本條無罰則，不能執行，形同具文，沒有實質意義。

上述國安法贊成、反對意見紛歧，一項由民意調查文教基金會以大學法學院教師及律師爲調查對象的研究報告顯示，贊成與反對制定國安法的人數相近。在受訪者七四二人中，贊成者三四二人（四五・六%），反對者三二三人（四三・一%）。政治學者有六〇・三%贊成，法律學者則有六五・九%反對。執業律師中，贊成者佔四五・五%，反對者佔四五%。對於第二條三原則，多數受訪者認爲應保留或保留並作明確界定，贊成保留比主張刪除者高出一倍。53

國安法的性質是政治性抑法律性？從其以國家安全爲首要考慮，且列舉三原則的內涵來看，應屬政治性的法律，或政治性很高的法律。觀之以國安法十項條文，除去立法精神（第一條）、憲法已有規定者（第八條）、軍事審判在解嚴後之處置（第九條）、施行細則及施行日期（第十條）外，其主要重點有二：三防及三原則，三防可否分別制定或修法方式爲之，亦有仁智之見。故三原則實爲國安法重要精神，或謂國安法乃國民黨爲安撫反對解除戒嚴的勢力。所採取妥協方式，提出的一套象徵意義大於實質意義的法典。54而反對人士之杯葛制定國安法，實即憂慮在國安法三原則下，其有關台灣獨立之主張，在解嚴之後，仍無法在公開場合進行宣揚。55然以三原則並無罰則，只具宣示效果，故而國安法的制定雖有高爭議性，但是落實在執行面，亦僅有三防而已。

(二)政治自由化的推展

解嚴後，政治自由化的腳步加快，舉凡開放組黨、集會遊行、新聞及言論自由、准許海外異議份子返國、返鄉探親方面有一番氣象。就開放組黨而言，民進黨搶先於民國七十五年九月逕行成立，並未遭到取締，實已使得行之有年的黨禁名存實亡。解嚴後，黨禁正式結束，七十八年一月廿七日「動員戡亂時期人民團體法」公布實施，開放政治團體及政黨的籌組，奠定政黨政治之基礎。該法對政治團體採立案制、政黨採備案制，亦即凡有意組黨者，在向內政部提出申請後，只要形式要件無缺失，即可准予成立，內政部無審查權。由於組黨從寬原則，自七十八年內政部民政司開始受理政黨登記起，第一年當中，我國政黨數量以平均每月成立三個的驚人速度增加中。56雖然經過內政部在民國七十九年上半年曾訪視各政黨，發現有許多小黨結構及體質並不很健全，真正用心於發展黨務，並以競選公職爲主要目的之新成立政黨尚有待觀察。但大體言之，我國政黨政治已朝向民主目標邁進，政黨並成爲我國民主發展的主角，選舉所代表的功能和意義將日益凸顯，由於政黨競爭的出現，民主化發展將益趨快速。

集會遊行法制化工作於民國七十七年一月十一日立法院三讀通過「動員戡亂期集會遊行法」，並在一月二十日公布實施，該法對於公眾集會遊行之申請及主管機關予以許可的要件，作了詳細規定。在限制方面，明定遊行須遵循國安法三原則—即不得違背憲法、主張共產主義、分裂國土。並規定不得在政府重要機關附近遊行。該法保留了政府管制的權力，但終使長久以來的集會遊行之自由得以抒解。

就新聞及言論自由方面，在戒嚴時期的報禁，政府採限家限張發行，而出版品方面，警總因行政裁量權甚大，多有扣押或查禁情事。在民國七十四年，所有發行反政府的政論性刊物，約有百分之七十五被查禁；民國七十五年則幾乎每一本反對的政論性刊物均遭查禁，迫使其轉入地下發展。57直到民國七十六年初解嚴在即，行政院長俞國華於二月五日聽取與情報告後，指示新聞局重新研議報紙登記及張數問題，首次表明政府欲解除報禁的立場。58隨著解嚴，「台灣地區戒嚴時期出版管制辦法」亦已廢止，出版品的管理審查轉由新聞局負責。十二月一日新聞局宣布，自民國七十七年元旦起，正式開放報紙登記。報禁的解除，使報紙的種類激增，戒嚴時期一直維持三十一種，到民國七十七年增爲一二四種、七十八年二〇八種，七十九年更達二二一種。不僅報紙，各種出版事業亦顯現蓬勃發展的情形。

就准許海外異議份子返國方面，因憲法規定人民有遷徙之自由，返鄉也是聯合國人權公約中肯定的基本人權之一。解嚴後，民國七十七年七月，國建會學人向境管局問及出入境「黑名單」問題，國民黨籍立委李勝峰（後爲新黨）等要求准許在外台胞返國，及准許世台會年會在台灣舉行。民進黨中常會則決定訴諸群眾運動，聲援台胞返鄉運動。59政府對此問題則是採取逐漸放寬的態度，民國七十七年十一月，國民黨中央邀集黨政及情治單位首長進行政策性討論，並達成逐漸放寬政治異議份子申請入境的共識，仍持續以往較嚴格的審理態度。60政府的「和諧專案」亦從民國七十七年十月起，陸續核准多位海外異議人士入境，其背景涵蓋「台獨聯盟」、「ＦＡＰＡ」、「台灣民主運動海外組織」、「台灣人權協會」、「台灣民主運動支援會」等。民國八十一年五月內政部長吳伯雄在立院首次承認有黑名單存在，並表示歷年累積下來的「列註名單」只有二八二人，並將在短期內大幅放寬。61之後，五月十六日立院修改刑法一〇〇條內亂罪，七月七日修改國安法，刪除三原則中「不得違背憲法」之規定，吳伯雄部長隨即表示，根據國安法修正原則，原列註名單將僅剩五人。62流亡海外多年的台獨教父彭明敏，亦於是年十一月返台，顯示政府接納政治反對人士的決心。

就返鄉探親方面，兩岸長期分隔，使骨肉親情因時代影響，致無法相聚團圓。隨著解嚴的宣布，政府即基於人道立場，採取開放民眾返鄉探親之一系列措施：

1.開放一般民眾大陸探親（七十六年十一月）

2.准許大陸同胞來台探病及奔喪。（七十七年九月）並擴大對象及於配偶之父母（翁姑、岳父母）及兄弟姊妹；且如申請人因年邁或重病、重傷，致無法單獨來台者，開放配偶同行來台照料。（八十年十一月）

3.開放海峽兩岸民眾間接電話（報）及改進郵寄信件手續，（七十八年六月），開辦郵寄航空掛號函件。（八十年六月）

4.開放大陸民運人士來台參觀訪問及居留。（七十八年七月）

5.開放在大陸地區居住未滿二年；因重病或其他不可抗力之事由，致繼續居住逾二年，未滿四年；及回台領取本人之戰士授田憑據補償金，無有效證照者亦得申請回台。（八十年十一月）

6.開放各級政府機關及公營事業機構基層公務員赴大陸探親，（七十九年一月）並擴及軍中未涉及機密之雇用人員。（八十年十一月）。

7.開放部分滯留大陸台籍同胞返台探親，（七十九年一月）並擴及公費留學生。（八十年四月）

8.開放各級民意代表赴大陸探親及訪問。（七十九年四月）

9.准許軍、公、警人員在大陸配偶或三親等以內血親來台探親，（七十九年六月）如申請人因年邁或重病重傷，致無法單獨來台者，開放其配偶同行來台照料（八十年十一月）

10開放各級公務人員赴大陸探病、奔喪（七十九年六月）並擴大對象及其祖父母。（八十年二月）

11開放未涉及機密之軍中聘任人員准赴大陸探病奔喪。（八十年十一月）

12開放大陸同胞來台居留或定居。（八十年十一月）。

政府逐步放寬兩岸民間交流、探親種類與範圍，同時兼顧人道立場與安全考量，有助於雙方的認知和瞭解，對中國未來走向將有俾益。

七、結論

民國七十六年的解嚴是中華民國政府來台後，威權體制與政治民主化的重大分水嶺。解嚴展開了政治自由化與政治民主化有利契機。實則民國卅八年政府來台後的威權體制是時局環境造成。若無中共直接威脅，何需戒嚴？若中華民國主權及於中國大陸，二屆立委、國代、監委早在民國四十年、四十三年即已全面改選，何需以臨時條款方式辦理增額中央民意代表選舉？故可知倉促來台的政府一方面為保障軍民同胞生命安全之需要，乃有戒嚴實施；另一方面又需以台澎金馬自由地區來標舉自由、民主的法統地位，中華民國憲政體制一時不宜劇變，乃有第一屆中央民代無法全面改選和臨時修款的增訂等「臨時」之權宜。這些都不是常態，關鍵在於：什麼時機與條件下，得以恢復正常憲政運作？尤其兩岸分裂分治持續下去，當初的權宜或法統，逐漸面臨自由地區民主化發展的兩難困境。民國七十六年的解嚴有其主客觀條件配合，並非某一因素可居全功；兩岸關係如在民國七十年代解嚴前後有發生類似古寧頭戰役、八二三砲戰，甚或導彈危機等緊張情勢，是否可能在七十六年解嚴？台灣經濟成長、教育普及、社會多元如不成功，政府有無信心加快民主化速度？如無反對運動訴求，政府是否及早重視此一問題？如無國民黨主政者的民主信念和主導推動，在民國七十五年國民黨尚佔有相當的優勢下，是否會立即推動六大革新議題？國內威權體制的轉型，由民國七十六年解嚴邁出重要一步，並在其後政治發展、憲政一連串改革中佔了重要的一章。

註釋

① Adam Przeworski, "Some Problems in the Study of the Transition to Democracy", in Guillermo O'Donnell, Philippe C. Schmitter, and Laurence Whitehead, eds., Transitions from Authoritarian Rule: Comparative Perspectives (Baltimore: John Hopkins university Press, 1986), p.56.

② Guillermo O'Donnell and Philippe C. Schmitter, " Defining Some Concepts", in O'Donnell and Schmitter, eds., Transition from Authoritarian Rule: Tentative Conclusions about Uncertain Democracies (Baltimore: John Hopkins University Press, 1986), pp. 7-8.

③ Robert A. Dahl著，張明貴譯，多元政治—參與和反對（台北：唐山出版社，民國七十八年），頁六—八。

④ Stepan著，引自吳乃德，「不確定的民主未來：解釋台灣政治自由化現象」，時報文教基金會主辦，「中國民主前途研究會」論文，民國七十八年，頁五。

⑤ Hung-mao Tien, "The Transformation of an Authoritarian Party-State: Taiwan's Developmental Experience", Issues & Studies, July 1989, p. 119.

⑥ 呂亞力，「政治自由化及民主化發展」，見二十一世紀基金會，時報文教基金會合辦，

「『台灣經驗』新階段：持續與創新」研討會論文，民國七十九年二月，頁一。

⑦ 周陽山，「民主化、自由化與威權轉型─國際經驗的比較」，國立台灣大學中山學術論叢，第八期，民國七十七年十二月，頁八〇─八一。

⑧ Constance Squires Meaney, "Liberalization, Democratization, and the Role of the KMT", in Tun-jen Cheng, et.al., eds., Political Change in Taiwan (Boulder: Lynne Rienner Publishers, 1992), pp. 98-99.

⑨ Ibid, pp. 99-100.

⑩ S. M. Lipset, " Some Social Requisites of Democreacy: Economic Development and Political Legitimacy", American Political Science Review, Vol. 53, No.1, March 1959, pp. 69-105.

⑪ 羅志淵，雲五社會科學大辭典，第三冊，政治學，第六版（台北：台灣商務印書館，民國七十三年十一月）頁一九〇。

⑫ Lucian W. Pye, "Introduction : Policical Culture and Political Development", in Lucian W. Pye and Sidney Verba, eds., Political Culture and Political Development, (N. J.:Princeton University Peess, 1965) p. 218.

⑬ G. A. Almond & Sidney Verba, The Civil Culture: Political Attitude and Democracy in Five Nations, (Princeton, N. J.:Princeton University Press, 1963), chap. 1.

⑭ Fred M. Hayward, "Introduction", in Fred M. Hayward eds., Election in Indipendent Africa, (Boulder, Co.: Westview Press, 1987) p.13.

⑮ 張佑宗，「對台灣『政治自由化與民主化』的解釋問題」，政治學刊，創刊號，一九九〇年九月，頁一—一二。

⑯ 耿雲卿，「台灣僅實施了百分之三點七的戒嚴」，中央日報，民國六十七年十二月廿二日，版二。

⑰ 彭懷恩，中華民國政治體系的分析（台北：時報出版公司，民國七十二年一月），頁卅六。

⑱ 若林正丈，轉型期的台灣（台北：故鄉出版社，民國七十八年），頁四三。

⑲ 林正義，「斷交後美國政府對中華民國政治發展的影響」，美國月刊，第五卷，第二期，民國七十六年一月，頁五—七。

⑳ 賴遠清，台灣地區解嚴後政治民主化轉型之研究，中央警官學校警政研究所，碩士論文，民國八十年六月，頁六八。

㉑ 郭淑敏，菲律賓從民主到獨裁—結構與文化因素之探討，國立政治大學，政治研究所，碩士論文，民國七十七年九月，頁一七五—一七六。

㉒ 高崇雲，「南韓政局峰迴路轉」，亞洲與世界文摘，第七卷，第二期，民國七十六年八月，頁三九—四〇。

㉓ 周陽山，「東亞的民主化浪潮—觀念層次的澄清」，亞洲與世界文摘，第九卷，第三期

，民國七十七年九月，頁五二—五三。

㉔ 張忠棟，「國民黨台灣執政四十年」，中國論壇，第三一九期，民國七十八年一月，頁六六。

㉕ 葉萬安，「台灣地區實踐民生主義的經驗成果與展望」，台大中山學術論叢，第七期，民國七十六年，頁九〇—九五。

㉖ Mencur Olsen, Jr., "Rapid Growth as a Destabilizing Force", Journal of Economic History, 23, Dec. 1967, 轉引自江炳倫，「我國政黨政治的現況與未來」，中國論壇，第二四八期，民國七十五年一月，頁一五。

㉗ J. F. Copper, "Political Development in Taiwan", China & Taiwan Issue, ed. (N. Y. Praeger, 1979), p. 57.

㉘ 蕭新煌，「多元化過程中社會與國家關係的重組」，廿一世紀基金會與時報文化基金會合辦，「台灣經驗新階段：持續與創新」研討會論文，民國七十九年二月廿三日，頁一一。

㉙ 蕭新煌，「台灣新興社會運動的剖析：民主性與資源分配」，蕭新煌等著，壟斷與剝削—威權主義的政治經濟分析（台北：台灣研究基金會，民國七十八年），頁二八—二九。

㉚ 蔣經國先生全集編輯委員會編，蔣經國先生全集，第十五冊（台北：行政院新聞局，民國八十年十二月），頁一九六—一九九。

㉛ Robert A. Dahl著，「政府與反對派」，黃德福譯，幼獅文化公司編譯，總體政治理論（台北：幼獅文化公司，民國七十二年六月），頁一四一。

㉜ 台北，聯合報，民國七十五年四月十日，版二。

㉝ 王振寰，「台灣的政治轉型與反對運動」，台灣社會研究季刊，第二卷，第一期，民國七十八年，頁七一—一一六。

㉞ 魏鏞，「為成長、平等與民主而規劃—中華民國發展過程中的非經濟性因素」，中央月刊，第廿卷，第十一期，民國七十六年十一月，頁三七—四八。

㉟ 余英時，「吾見其進，未見其止—經國先生的現實與理想」，歷史巨人的遺愛（台北：中央日報社，民國七十七年），頁二二四。

㊱ 孫運璿，「我失去一位敬重的長者」，黎明文化公司編印，蔣故總統經國先生追思錄，三版（台北：黎明公司，民國七十七年十月），頁一五〇。

㊲ Lucian W. Pye 著，吳瓊恩譯，「後蔣經國時代可有良策？」，聯合報，民國七十七年九月廿日，版二。

㊳ Samuel P. Huntington著，江炳倫等譯，轉變中社會的政治秩序（台北：黎明文化公司，民國七十七年），頁三五四。

㊴ 行政院新聞局編，蔣總統經國先生七十五年言論集（台北：正中書局，民國七十六年），頁八五。

㊵ 中央日報社編，蔣總統經國言論選集，第九輯（台北：中央日報出版部，民國七十七年

三月），頁五七。

㊶ Harvey J. Feldman 著，劉宗賢譯，「台灣正向前大步邁進」，亞洲與世界文摘，第八卷，第一期，民國七十七年一月，頁五—六。

㊷ Chou Yang-Sun & Andrew J. Nathan, "Democratizing Transition in Taiwan", Asia Survey, March 1987, p.11.

㊸ 李東明，「經國先生與台灣地區的政治發展（一九七二—一九七八）」，憲政思潮，第八一期，民國七十七年，頁七九。

㊹ 同註㊴，頁八二—八三。

㊺ 馬起華，民權主義與民主憲政（台北：正中書局，民國八十一年十一月），頁四〇九。

㊻ 謝瑞智，憲法大辭典（台北：國家發展策進會，民國八十年），頁一六二。

㊼ 同㊺，頁四一〇—四一二。

㊽ 同上，頁三九〇。

㊾ 潘啓生，台灣地區政治抗爭之研究一九七七—一九八八，國立政治大學，三民主義研究所，碩士論文，民國八十年一月，頁七十五。

㊿ 同註㊺，頁四一〇。

(51) 同上，頁三九四—四〇五。

(52) 同上，頁三九七—三九八。

(53) 台北，聯合報，民國七十六年三月廿三日，版二。

㊾ 彭懷恩，台灣發展的政治經濟分析，再版（台北：風雲論壇出版社，民國八十年十月），頁二二三。

㊿ 同註㊺，頁七四。

(56) 台北，中央日報，民國七十九年五月廿九日，版二。

(57) 法治斌，「近年來中華民國法律改革與憲法解釋」，見張京育編，中華民國民主化—過程、制度與影響（台北：政大國關中心，民國八十一年），頁三三九。

(58) 林東泰，「台灣地區大眾傳播媒體與政治民主化歷程」，台灣地區政治民主化的回顧與展望研討會論文集（台北：民主基金會，民國八十年），頁一二〇。

(59) 台北，中國時報，民國七十七年七月廿八日，版三。

(60) 台北，聯合報，民國七十七年十一月卅日，版三。

(61) 台北，自立早報，民國八十一年五月五日，版三。

(62) 台北，聯合報，民國八十一年七月八日，版一。

肆　國是會議與憲政發展

一、前言

民國七十九年召開的國是會議，爲我國繼解嚴之後，由政治自由化步向政治民主化關鍵的一步。國是會議所作成「動員戡亂時期終止、臨時條款廢止、修定憲法」的結論，改變了過去長期以來修改臨時條款代替「修憲」的作法，憲政改革自此有新的起點。其後的「第一階段修憲」更確定中央民意代表的法源依據，使國會全面改選順利展開。

二、國是會議召開的緣起與經過

㈠國是會議召開的緣起

國是會議的召開，直接導源於國民大會的擴權行動，引發三月學潮後的一項回應結果。民國七十九年三月間第一屆國民大會召開第八次會議，利用選舉第八任總統、副總統之機會，國大自行增加出席費，並在審查動員戡亂時期臨時條款修正案中，通過國大代表每年集會一次，行使創制複決兩權，以及增額國大代表六年任期延長爲九年等。這一幕幕上演的「山中傳奇」，引起全國譁然，認爲國大代表私心自用，擅自擴大職權。乃紛紛表達對憲政問題以及將來政治發展的看法。大專學生並於三月十六日發起到台北中正紀念堂廣場靜坐抗議，三月十九日學生開始聚集，並提出「解散國民大會、廢除臨時條款、召開國是會議及訂定民主改革時間表」四大訴求。整個現場氣氛更因東海大學學生方孝鼎等十五人發動絕食而升高，引起媒體關注。到三月廿一日參加人數超過六千人，爲四十多年來，規模可數的大型學潮。①

學潮期間，李登輝總統爲回應國人殷切的期望，於三月廿日指示籌備召開國是會議，並指派當時總統府資政蔣彥士、行政院長李煥、總統府秘書長李元簇及執政黨中央委員會祕書長宋楚瑜四人，就國是會議有關問題先行研商。三月廿一日國民黨中常會決議，由蔣彥士任召集人，組織籌備委員會，負責籌備事宜。當天晚上，李總統召見五十名學生代表，承諾提前召開國是會議、擬定政經改革時間表。但認爲現階段不適宜修憲，關於憲法修改，至少要兩年。三月廿二日早上學生即在宣布組織「全國學生聯盟」，並發表「我們的聲明—追求民主永不懈怠」後解散，結束歷時一週的學運。②

國是會議得以召開，三月學潮有直接影響作用。李登輝總統固然是回應大專學生及社會大眾的呼聲，但他本人對召開國是會議，亦有強烈的推動意願，蓋因三月學潮時，大專學生曾要求李總統以強烈手段排除國民大會，或拒絕老代表之投票。唯李總統囿於既有之政治體制，仍以傳統方式完成總統選舉。其本人雖無力於迅即解決經年累月所堆陳的政治結構問題，卻有著憲政改革的決心，正好配合國內民間的強烈要求，透過非體制內的國是會議方式，壓制黨內反對力量，取得改革動力。③

㈡國是會議召開的經過

李登輝總統於民國七十九年三月廿日，正式宣布將召開國是會議，並指派總統府資政蔣彥士爲國是會議籌備委員會召集人，從此展開國是會議之序幕。此時第一項工作在於如何產生國是會議籌備委員之名單，因其關係著國內政治生態現實力量的反映。執政黨最須考量的參與對手，自然是長久以來最大的反對黨—民進黨。國民黨透過商界陳重光居間協調，先後有三月廿日國民黨秘書長宋楚瑜與民進黨主席黃信介見面，三月廿九日總統府資政蔣彥士親訪黃信介，除邀請民進黨參與國是會議之籌備外，並確定李總統將於總統府與黃信介主席見面之事。④四月二日李總統邀請民進黨主席黃信介到總統府「喝茶」。黃信介代表民進黨提出四項訴求：1.制定憲政體制改革時間表。2.平反政治案件。3.徹底落實政黨政治。4.有效維護治安。李總統則向黃表示，將在兩年內完成憲政改革目標，同時指出，不能違反中華民國認同。⑤

四月一日，民進黨召開臨時中常會，以附帶條件方式通過，原則確定參加國是會議籌備會。政府因而得以順利完成了籌組籌備會工作，並以各方代表國民黨十一人，民進黨四人，無黨籍五人，學者公正人士五人之比例完成適切反應政治生態現狀的組合。⑥

籌備委員會於民國七十九年四月十四日召開第一次會議，並經持續兩個多月的策畫，國是會議終於在六月廿六日到七月四日在台北圓山大飯店舉行，出席人數應爲一百五十人（包含籌備會審核推薦一一五人，總統遴選三五人），實際參加者共有一四一人（如表四）。

國是會議是政府來台後，政治體制邁向全面改革的一個起點，它的性質雖不具有法律上合法性地位，僅爲總統的諮詢會議，但因其網羅朝野各界代表，且在若干重要問題上獲得原則性的共識，使其後的政治改革有了著力點，所代表的政治意義重大，同時亦將佔有顯著的歷史地位。國是會議從近處觀察，乃是國內七十九年二月以來動盪不安的政局，得到一個舒

表四　國是會議參與人員名單：

第一組	尤　清、王昭明、朱士烈、吳明進、呂亞力、李念祖、李鴻禧、林　棟、邱垂亮、姚　舜、柯明謀、苗素芳、殷允芃、高玉樹、康水木、張俊宏、梅可望、、許勝發、陳水扁、陳金德、陳健治、彭光正、黃石城、黃鎮岳、趙少康、蔡友土、鄭次雄、楊黃幸美、謝崑山、蘇永欽
第二組	王又曾、王桂榮、朱堅章、吳英毅、呂秀蓮、李長貴、沈君山、林仁德、邱聯恭、姚立明、洪冬桂、郎裕憲、翁松燃、高希均、康寧祥、張俊雄、莊海樹、許倬雲、陳必照、陳長文、陳璽安、彭明敏、黃信介、楚松秋、楊選堂、趙昌平、蔡政文、鄭竹園、謝深山、蘇俊雄
第三組	王世憲、王惕吾、朱雲漢、吳哲朗、宋楚瑜、李哲朗、汪彝定、林永樑、金神保、姚嘉文、洪俊德、徐　亨、荊知仁、高育仁、張文獻、張淑珠、許仲川、郭仁孚、陳永興、陳建中、陳繼盛、華加志、黃崑虎、楊日旭、葉金鳳、劉炳偉、蔡勝邦、鄭彥文、謝瑞智、蘇裕夫
第四組	王玉雲、丘宏達、余紀忠、吳豐山、李　仁、李海天、周聯華、林佾廷、金耀基、宣以文、胡　佛、徐賢修、馬克任、高忠信、張旭成、張博雅、許宗力、陳　川、陳田錨、陳重光、陶百川、辜振甫、黃越欽、楊志恒、葉潛昭、蔣彥士、蔡鴻文、覺安茲仁、鄭欽仁、謝學賢
第五組	王作榮、田弘茂、余陳月英、吳澧培、李伸一、李鐘桂、林　空、法治斌、艾阿翰、施啓揚、胡志強、悟　明、馬英九、高英茂、張京育、張富美、許信良、陳五福、陳江章、陳唐山、博　仁、黃主文、黃煌雄、楊國樞、廖述宗、蔣廉儒、鄭心雄、謝長廷、簡明景、饒穎奇

註：王世憲、宣以文、胡　佛、朱雲漢、楊國樞、李鴻禧、陳唐山、彭明敏因故宣布退出

資料來源：李炳南，憲政改革與國是會議（台北：永然文化出版公司，民國八十年四月），頁三九八—三九九。

緩的空間，維持了政局的穩定，並圖開創另一個嶄新格局。從遠處來看，乃是在台灣四十多年來經濟發展與社會變遷快速，相對的政治體系中分配機能（distribution function）與參與機能（participation function）則顯得僵化，其中所造成的「歷史包袱」，實有賴國是會議此一超體制的、非常的途徑，以解決經年累月交錯複雜的憲政困境。⑦

三、國是會議的內容與發展

國是會議是以國人最關切之兩大問題「健全憲政體制」及「謀求國家統一」爲討論範圍，其五項議題爲：⑴國會改革問題。⑵地方制度問題。⑶中央政府體制問題。⑷憲法（含臨時條款）修定方式有關問題。⑸大陸政策及兩岸關係。其中獲與會朝野人士取得共識的部分如下：⑧

㈠國會改革問題：

1.第一屆中央資深民意代表應該全部退職。
2.反對國民大會維持現狀。
3.淨化選舉風氣。

㈡地方制度問題：

1.回歸憲法或授權立法院立法，甚至循修憲方式達成改革。

2.地方自治應以民選、自主爲基本要求，依據台灣目前發展，兼顧憲法體制及實際狀況，將國家主權與國內行政的需求作合理的統合。

3.地方自治與制度的改革，應正視地方派系糾紛，選舉風氣敗壞的現象。

4.肯定台灣發展的成就，主張在改革地方制度時，應保留台灣省名稱，維護台灣經驗的良好形象。

㈢中央政府體制問題

現行總統選舉之方式應予改進。

㈣憲法（含臨時條款）修定方式有關問題：

1.終止動員戡亂時期，廢止臨時條款。

2.憲法應予修定。

3.修定應以具有民意基礎之機關及方式爲之。

㈤大陸政策及兩岸關係：

1.制定開放與安全兼顧的階段性大陸政策。

(1)應以台灣人民的福祉爲前提。

(2)考慮國際形勢限制，中共政權性質及大陸人民心理等客觀因素。

(3)在能力範圍內，促使大陸走向民主自由。

2.兩岸關係之界定方面，體認兩岸分別為政治實體之現實。

3.現階段實際運作，放寬功能性交流，政治性談判則從嚴。

(1)功能性交流方面：①開放應有條件，有限制。②訂定安全、互惠、對等、務實四點作為交流原則。③學術文化科技交流放寬為雙向，並考慮合作的可能。④規劃開放記者及體育的雙方訪問和比賽。⑤經貿在不危及安全及妨礙整體經濟發展原則下，穩定前進。⑥功能性交流談判，在方式上以政府授權之「中介團體」對等談判為宜。

(2)政治性談判方面：大多數皆認為時機未成熟，須滿足下述先決條件後，始可考慮：①中共放棄武力犯台。②不反對中華民國國際參與。③台灣達成內部共識。④建立朝野共信，權責分明的談判機構。

4.從速設立專責的政策機構和授權的中介機構。

國是會議開幕時李登輝總統親臨主持，閉會時李總統也親自到場聆聽總結報告，充分顯示其對此項會議的重視。國是會議閉會時，主席團會提議設置「憲政改革諮詢小組」，以求落實國是會議結論，但國民黨內部傾向於在黨內設置「憲改小組」，以落實各項憲改事宜。⑨民國七十九年七月十一日，國民黨中常會決定於其黨內設置「憲政改革策畫小組」，由副總統李元簇擔任召集人。（如表五）其下設「法制」與「工作」兩個分組，前者，負責憲法修定及修定程序之研擬；後者則負責有關憲政改革意見之搜集、整理、分析與有關機關、政黨就憲政改革事項的協調與聯繫。有關國民黨「憲政改革策劃小組」之決議事項如左：⑩

㈠有關國民大會問題：策劃小組決議為：1.國民大會之制度應予維持。2.關於國民大會代表區域選舉之辦理方式，採以複數當選人爲主之選舉區制。3.有關國民大會之職權，俟相關議題討論獲有結論後，再行討論。4.國民大會代表應爲無給職，惟出席法定會議時得支給出席費。

㈡有關監察院問題：策劃小組之決議爲1.監察院制度應予維持。2.省市選出之監察委員仍由省市議會選舉產生。3.有關監察委員總名額應爲若干及省市名額分配原則如何；前項究應在憲法增訂條文予以規定抑或另以法律定之；監察委員應否酌留一定比例名額做爲全國不分區代表，其產生方式如何？及第二屆監察委員產生時間等問題，應再詳加研究，另行討論。4.監察委員候選資格應予提高，由內政部從政主管同志研究。

㈢有關第二屆中央民意代表產生時間及名額問題：策劃小組決議之第二屆中央民意代表產生時間，在民國八十年十二月辦理第二屆國大代表選舉，在民國八十二年二月一日前辦理第二屆立法委員、監察委員選舉。

至於第二屆中央民意代表名額問題，法制分組建議：1.國民大會代表之區域選出者，每直轄市、縣市各選出代表二人，但其人口逾十萬人者，每增加五萬人增選一人；逾五十萬人者，每增加十萬人，增選一人；逾三百萬人者，每增加二十萬人，增選一人。此外山胞選出者，平地山胞及山地山胞各選出三人。另全國不分區選出者，其名額佔總額五分之一。2.立法委員之區域選出，每省、直轄市人口在二十萬以下者，選出兩人，逾二十萬人者，每增加十萬人增選一人；逾一百萬人者，每增加十五萬人增選一人；逾四百萬人者，每增加廿五萬人增選一人；逾一千五百萬人者，每增加三十五萬人增選一人。此外山胞選出者，平地山胞及山地山胞各選出三人。另全國不分區選出者，其名額佔總額五分之一。3.監察委員名額之分配，每省議會選出三十人，每直轄市議會各選出十二人。上述省選出之監察委員應有婦女當選名額三人，市應各有一人。

㈣有關中央民意代表之僑選、職業團體、婦女團體代表問題：策劃小組之決議爲：1.中央民意代表應包含海外僑選代表，產生方式及名額，再行研究。2.廢除職業團體代表選舉。3.凍結憲法第二十六條第七款之適用，中央民意代表中之婦女代表名額依憲法第一百三十四條規定辦理。

㈤有關設置全國不分區名額代表問題：策劃小組討論不分區代表名額佔總名額之比例，以及採政黨名單比例代表制方面，有如下結果：

1.國民大會之全國不分區代表名額佔總名額比例有甲、乙兩案，甲案主張佔總名額五分之二，乙案主張佔總名額三分之一，表決結果，贊成甲案十二人，贊成乙案十三人。

2.立法院之全國不分區代表名額佔總名額比例有甲、乙兩案，甲案主張佔總名額三分之一，乙案主張佔總名額四分之一，表決結果，贊成甲案者八人，贊成乙案者十五人。

3.監察院是否設置全國不分區代表有甲、乙兩案，甲案主張設置全國不分區代表名額，又有一、二兩案，第一案主張佔總名額三分之一，第二案主張佔總名額四分之一。乙案主張不設全國不分區代表名額。表決結果，贊成甲案者十九人，贊成乙案者四人，其中主張甲案之第一案者八人，主張第二案者十五人。

4.全國不分區代表之選出方式採政黨名單比例代表制，就選舉票式與投票方式，有甲、乙兩案。甲案主張全國不分區代表選舉不另行印製選舉票（即一票制），以區域選舉各政黨候選人得票數或當選人數按比例計算分配其當選名額。乙案主張全國不分區代表之選票另行印製（即兩票制），其選舉票僅列印政黨名稱，選舉人只能圈選政黨。表決結果，贊成甲案者十三人，贊成乙案者十一人；其中主張甲案以各政黨候選人得票數之比例分配當選名額者十一人，主張各政黨候選人當選人數比例分配當選名額者九人；無論主張甲、乙兩案者，均認爲政黨須先公布提名候選名單。

5.政黨參加全國不分區代表，決定不設條件限制，由經依法登記之政黨，自由提出全國不分區代表候選人名單，但參選之政黨應繳納一定數額之保證金，得票不足規定標準者，其保證金不予發還。

6.政黨分配當選名額之條件是否需要，有甲、乙兩案，甲案爲設定條件限制，如政黨得票率未達百分之五以上者，不予比例分配名額。乙案爲不設條件限制，完全依政黨得票數比例分配當選名額。表決結果，贊成甲案者廿二人，贊成乙案者三人。

7.實施方式採憲法增修條文、修改公職人員選舉罷免法。就憲法增修條文，有甲、乙兩案，甲案主張凍結憲法相關條文，增訂中央民意代表之名額另以法律規定，並於所訂法律內，分別明定由全國不分區選出之代表名額。乙案主張凍結憲法相關條文，於所增修條文中，分別明定全國不分區選出之代表名額。表決結果，贊成甲案者無，贊成乙案者十九人。就修改公職人員選舉罷免法，增訂全國不分區選出之中央民意代表名額，採政黨比例代表制，及其相關之選舉作業規定。

㈥有關總統、副總統民選問題：策劃小組經討論認為法制分組所提有關總統、副總統選舉方式之委任代表制、直接民選及改進之法定代表制等三案，各有利弊，除請幕僚單位將有關資料分送與會人士參考，並請法制分組再深入研究。

㈦有關總統、行政院及立法院之關係問題：策劃小組討論本案時，有甲、乙兩案。甲案主張臨時條款廢止後，總統、行政院、及立法院之關係，原則上均依憲法本文之規定。惟在國家統一前，為謀求政治安定、經濟發展及處理緊急事件發生，宜在憲法增修條文中，增列兩項條文：1.增訂條文㈠：「總統為應付國家發生天然災害或財政經濟上發生重大變故，或為避免國家或人民遭遇緊急危難，得經行政院會議之決議，發布緊急命令，為必要之處置；得須於發布命令後十日內提交立法院追認，如立法院不同意時，該緊急命令立即失效。」2.增訂條文㈡：「為決定國家統一及國家安全有關大政方針，得設置諮詢機關，由總統召集之。」乙案則主張臨時條款廢止後，總統、行政院及立法院之職權及相互關係，均依憲法本文之規定。但應於動員戡亂終止前，制定緊急命令法，以落實憲法第四十三條之規定。表決結果，贊成甲案者十九人，贊成乙案者無。對於甲案增訂條文㈡項，主張廢除者十人，主張維持者四人。

㈧有關行政院長副署問題：策劃小組根據法制分組所建議之五案予以討論：甲案主張維持現行副署制度，憲法第三十七條完全不變。乙案主張保持副署制度，總統公布法律、發布命令，按該項法律、命令之性質，分別由行政院長副署或其他相關院院長副署；而不必全部一律由行政院院長副署，或行政院院長及有關部會首長副署。丙案主張保持憲法第三十七條原有精神，即總統公布法律、發布命令，須經行政院院長副署；但該項法律、命令與其他院有關者，須經行政院院長及相關院院長共同副署。丁案主張總統公布「法律」及發布「法規命令」，仍須經行政院院長副署；人事命令則分爲兩部分，屬行政院，由行政院長副署，或院長及有關部會首長副署；行政院以外者，除行政院院長副署外，並經有關院、部、會首長共同副署。戊案主張總統公布「法律」及發布「法規命令」，仍須經行政院院長副署，人事命令，一般仍由行政院院長副署，或院長及有關部會首長副署，但依憲法規定，須經立法院或監察院行使同意權後任命者，總統依法任免時，其命令毋庸副署。表決結果，贊成甲案者十人，贊成乙案者二人，贊成丙、丁案者無，贊成戊案者十四人。

㈨有關中華民國憲法（含臨時條款）修訂方式問題：策劃小組討論「第一階段憲法增修條文參考內容要點」時，有如下決議：

1.有關名稱問題：甲案主張「中華民國憲法增修條文」，乙案主張「中華民國憲法第一次增修條文」，丙案主張「中華民國憲法憲政改革特別條款」，丁案主張「中華民國憲法增修準備條文」。表決結果，贊成甲案者十五人，贊成乙案者三人，贊成丙案者一人，贊成丁案者六人。

2.有關前言部分，原則通過，文字再做修正。

3.有關第二屆中央民意代表之產生與集會。主張三種中央民意代表之法源均應列入增修條文者廿一人，主張僅將第二屆國大代表列入者六人。

4.有關「省市長民選」應否列入憲法增修條文，贊成者一人，反對者二十人。

5.有關「兩岸關係」應否在憲法增修條文中規範，贊成者九人，反對者十四人。

6.有關憲法增修條文之有效期應否刪除，贊成者十六人，反對者三人。

關於修憲體例部分，策劃小組決議憲法本文不動，以「附列增訂條文」方式修憲；增修部分採集中條列方式，附在憲法本文之後，名稱定為「中華民國憲法增修條文」；增修條文之前言或第一條，應說明係在國家統一前適用；至於修憲程序及修憲機關部分，決定：

1.建議國民大會在民國八十年四月底前舉行臨時會，並完成第一階段修憲，即訂定中華民國憲法增修準備期間有關過渡條文，並廢止動員戡亂時期臨時條款。

2.建議國民大會在第二屆國民大會代表於民國八十年十二月選出後，一個月內舉行臨時會，進行第二階段修憲，即訂定「中華民國憲法增修條文」，並廢止前述過渡條文，俾在民國八十一年年中完成憲政改革。

(十)有關動員戡亂時期宣告終止問題：策劃小組決議於國民大會臨時會在八十年四月底前，訂定中華民國憲法增修準備期間有關過渡條文，廢止動員戡亂時期臨時條款後，建議總統宣告動員戡亂時期終止。

(十一)有關動員戡亂時期終止後有關機關之存廢或調整問題：策劃小組對於戡亂時期的有關機關存廢討論時，有如下決議：

1.動員戡亂時期終止，臨時條款廢止後，「國家安全會議」（含秘書處）仍應繼續存在，於憲法增修條文中，明定直接隸屬於總統；其組織與職掌，於國家安全會議組織法中規定，俾能釐清與行政院職權之關係，並充分發揮其功能。另「國家安全局」亦應繼續存在，隸屬於國家安全會議，其組織與職掌應以法律定之。

2.「國家建設研究委員會」及「科學發展指導委員會」均隨動員戡亂時期終止、臨時條款之廢止而結束。

3.「台灣警備總司令部」應在保持其維護國家安全及社會安定之必要功能原則下繼續存在，其組織與業務職掌應如何配合當前社會需要及民主憲政發展作適當調整，由行政院檢討並修正相關法規。

4.「行政院人事行政局」於臨時條款廢止後，仍應設置爲常設機構，於中華民國憲法增修條款中，規定其法源依據，並於行政院組織法中，明定其機關名稱及組織職掌，同時應把握下列基本原則：(1)凡憲法第八十三條規定，屬全國性考銓政策與考銓制度之研議訂一定事項，係爲考銓機關之職掌權限，應排除於其組織條例之外。(2)在既定考銓政策與考銓制度規範下之執行或研擬建議事項，及憲法第八十三條未列舉之其他人事行政業務，可列爲其組織條例之職掌事項。(3)有關「人事考銓業務」，應於組織條例中明定並受考試院之指揮監督。

(三)有關戡亂時期終止後相關法令修改或廢止問題：工作分組之機關調整組已將有關法令彙整完畢，其中行政院及所屬機關主管以動員戡亂時期爲適用要件之法規，已有三種法律案，由行政院送立法院審議，十六種命令由行政院或所屬各機關發布修正或廢止；其餘各機關報行政院審查之五十四種法規，除正交有關機關（單位）研議者外，有廿四種業經行政院修法專案小組審查竣事，其中九種已審議通過修正或廢止，四種決議不修正，另有十一種請有關機關再行研議。

㈢有關地方制度法制化問題：策劃小組獲得決議者有：1.在中華民國憲法增修條文中規定，凍結憲法有關省縣自治條文，並規定省縣地方自治另以法律規定。2.在省長民選原則下，由內政部研擬省縣自治法草案，報請行政院核定後送立法院審議。3.在直轄市市長民選原則下，由內政部研擬直轄市自治法草案，報請行政院核定後送立法院審議。

㈣有關地方政府行政組織層級問題：策劃小組獲得決議者有：1.省制應予維持。2.有關地方政府層級問題，維持現行省（市）、縣（市）、鄉鎮縣轄市三級制，或地方政府採行省（市）、縣（市）二級制，鄉鎮縣轄市長採任命制，尚待討論。

三、國是會議的檢討

國是會議是在順應民意趨勢，整合朝野國是意見，以做爲政府制定政策參考的體制外會議，它所代表的是政治上的一個指標，在我國政治發展的過程中，具有相當的政治影響力。有謂民主可貴，在於人人可表達意見，而非定於一尊，唯「一人一義，十人十義」，如何歸納整合，並在異中求同，尋求「共識」，殊非易事。國是會議亦面臨同樣困難，會議之後，各種民意測驗、學者座談，對國是會議評分都不太高，有三八・九%的受訪民眾認爲國是會議成功，三〇・四%認爲不成功。法政學者打五十七分，增額中央民代打五十分。⑪指標量化只是分析的方法之一，有助於對整體概括的認識。唯其中包含諸多情境因素，則不易察覺

表五　國民黨「憲政改革策劃小組」成員結構分析表

小組職務	姓名	黨政職務	背景	小組職務	姓名	黨政職務	背景
召集人	李元簇	副總統	李總統有關憲政問題的重要諮詢對象	成員	何宜武	國民大會祕書長	國民黨中常委
副召集人	郝柏村	行政院長	國是會議黨內議題小組重要成員	成員	蔣緯國	國安會祕書長	國民黨中評委
副召集人	林洋港	司法院長	國是會議黨內議題小組召集人	成員	李煥	資政	國是會議黨內議題小組召集人
副召集人	蔣彥士	總統府祕書長	國是會議召集人	成員	邱創煥	資政	國是會議黨內議題小組成員
成員	梁肅戎	立法院長	國民黨中評委	成員	宋楚瑜	國民黨祕書長	國是會議主席團主席
成員	黃尊秋	監察院長	國民黨中常委	成員	連戰	台灣省府主席	國民黨中常委
成員	林金生	考試院副院長	國民黨中常委				

資料來源：高永光，修憲手冊（台北：民主文教基金會，民國八十年十一月），頁三七—三八。

，尤以國是會議成員廣泛，會議進行中的黨派利益導向，易趨於各說各話，一般民眾中無論保守者抑或積極改革者，對於各種與其相左之意見，不無疑慮，而對各自的理想目標能否達到，亦易由疑惑產生失望，正因人們主觀的衡量標準和觀點各異，而有不同的評價。整體分析國是會議得失如下：

㈠憲政改革的開展

國民黨於民國七十五年即推出六大政治革新，由於體制內的改革是十分困難的，尤以既得利益者阻撓體制變革為最，故革新工作一直未能全部落實。更以民國七十五年春，國民大會第八次會議的擴權牟利動作，引發大眾的關切和指責，亦直接促成了國是會議的召開。

國是會議是一體制外的形態，不受體制的拘束，可以提出各種憲政改革的主張。它一方面肯定了相對於政府公權力的社會力已成熟到可成為主導社會的一股新力量，日後可能在決策體系過程中發揮更大作用。另一方面，傳統的政黨和政府有從威權型態走向更開放民主的準備。⑫在國是會議所達成的共識中，廣泛的涉及憲政問題，有些不須修憲，如終止動員戡亂時期，廢止臨時條款，新國會產生的時間，防止金錢污染、暴力介入選舉，國土重劃等；有些必須透過修憲方式達成，如中央民意代表產生的法源依據，總統副總統民選問題，國民大會與五院組織及職權問題等。上述無論是否須修憲，均使憲政改革自此有了起點。

國是會議對憲政改革的開展具有積極意義，有了國是會議的結論共識，政府當局即著手進行大幅憲政改革工作。有關憲法方面有兩個途徑：一是修憲，一是釋憲。前者透過「一機關兩階段」進行，一機關即「國民大會」，兩階段即「第一階段修憲」—程序修憲，「第二階段修憲」—實質修憲。後者則透過大法官會議釋憲，民國七十九年六月二十一日釋字第二六一號文：「爲適應當前情勢，第一屆未定期改選之中央民意代表除事實上已不能行使職權或經常不行使職權者，應即查明解職外，其應於中華民國八十年十二月三十一日以前終止行使職權，並由中央政府依憲法之精神、本解釋之意旨及有關法規，適時辦理全國性之次屆中央民意代表選舉，以確保憲政體制之運作。」⑬我國的憲政發展從戡亂時期終止，廢止臨時條款，回歸憲法，並進行修憲工程，國是會議實居關鍵性地位，並有著政治革新的催化作用。

(二)教育功能的發揮

國是會議經由大眾傳播媒體多方面廣泛的報導和評論，各種不同的意見及理性溝通的方式呈現在社會大眾面前，使一般民眾知道國是會議討論的主題是什麼？同時知道憲政改革的爭議性有那些？減少了民眾對政治的冷漠和疏離，拉近了彼等和國家的距離與關心。

然而國是會議能否稱爲憲法教育，學界看法不一，馬起華即持否定看法，其以國是會議是一種國是教育，而非憲法教育。民眾由於國是會議而對於憲法的了解幫助不大，尤以民意測驗顯示，受訪民眾有四八%沒有讀過中華民國憲法，對中華民國憲法有印象的只佔二二%，馬氏推斷，沒有讀過中華民國憲法的人不大可能因爲國是會議而去讀它，對它沒有印象的人也不大可能因此而有清晰的瞭解。而國是會議在討論憲法修訂時，是把各種不同的意見通通呈現出來，在此情形下，一般民眾對涉及的憲法條文不易條理清晰，更難以判定優劣，如有主張看法，亦多非經由憲法學理的認知，而爲情感好惡的表達。⑭

基本上，國是會議應爲國是教育而非憲法教育，在國是會議期間，各種媒體報導，有助民眾對「國是」的認知和關心，而對於憲法教育的功能則顯有不逮，因國是會議是將各種主張併陳，至於其背後的憲法學理則付之闕如，民眾甚難由檯面上的各種看法，辨明其優劣。例如有人主張修憲，有人主張制憲，而「基本法」、「大憲章」、「現行憲法」之優劣如何？一個未受憲法教育者，可能無法明確分辨「憲法」、「憲政」與「憲政精神」三者的基本意涵，如這三者無法釐清，如何能知修憲、制憲的利弊？因此，國是會議有其教育意義，但爲偏向於一種國是教育，並非憲法教育。

㈢容忍異議的典範

國是會議出席的代表涵蓋面相當廣，政黨的代表包括國民黨、民進黨以及無黨籍；公職人員包括國代、立委、監委、中央官員及地方公職人員；另外尚有海外人士（包括海外反政府、主張台獨的異議份子）、國內學者、大學校長、學生代表、少數民族、宗教、企業界、傳播媒體、社會賢達等。雖然出席代表的憲政專業知識或有不足，但是從與聞國是角度而言，則是有其普遍性。尤以此種大規模的座談方式，其成員包括長久以來被政府當局視爲「叛亂」的海外異議份子，這種突破不但代表時空環境的改變，亦顯示了執政黨的決心與誠意。

國是會議的出席代表都享有廣泛發言的自由，可以暢所欲言其主張思想，會中並無任何限制，充分展現容忍異議的精神，故而國是會議發言內容充滿分歧，且看法廣泛不一，欲尋求交集實屬不易，卻是民主時代中完全言論自由的表現。唯就有關憲政的主題而言，雖然看法見解互異，基本上仍可分成兩大組群，一是以民進黨爲中心的組群（包括民進黨、無黨籍人士、海外異議人士、部分國內學者），一是以國民黨爲中心的組群。因此言論表達形式上是自由發言，但言論表達的內容則有兩極化的傾向。

㈣集思廣義的成效

國是會議籌備委員會在國是會議召開之前，爲了要讓更多人有機會參與國是建言，做爲國是會議的參考，於是採取各種措施來聽取各方的建言，如1.舉辦「分區國是座談」、「學者諮詢座談」、「海外國是座談」、「青年座談」等，共計一一九場次的座談會，邀請一萬三千人參加。2.設置「國是信箱」，收到二、一八七封信函，「國是熱線電話」，接聽一、一八〇通電話。3.辦理民意調查，共計實施三次。另外國民黨、救國團也舉辦多場的國是座談會，廣泛地使關心國是的人，都有表達意見的機會。⑮

國是會議期間，朝野政黨人士、海內外各方代表、學術界精英、各階層人士共聚一堂，溝通憲政改革以及大陸政策的意見，達成若干原則性的共識，雖然這些共識在實行程序和方法上都是有歧見的，但也正是言路廣開的必然結果。在集思廣義下，對加速民主改革的步伐產生極大的正面作用。

㈤理論深度的不足

國是會議討論主題以憲政改革與大陸政策兩大問題爲主，故參與人員宜應慎選朝野政黨及海內外之法政學者、大陸問題學者專家爲重點，以增加討論內涵的深度和廣度，但實際狀況並非如此，由於政治色彩過於濃厚，對於憲政、憲法外行者過多，演變成朝野政黨間以爭奪更大的政治資源及傳播效用爲主要目標，亦即不少人以國是會議爲其作秀、鬥爭的場所，且動輒以集體退出之「政治文化」顯示，不僅模糊了國是會議的真正焦點，也使討論缺少應有的深度。

㈥預設立場的爭議

國是會議實爲一政治性極重的會議，欲達到參與各方具接受的結論本屬困難，如何能使各方意見完整表達，並有原則性共識產生已屬難能可貴。國是會議之目的在尋求共識，但對於國是會議的本體，卻因參與之兩大組群—國民黨與民進黨的彼此預設立場，而始終無法達成最基本的會議共識。這些最基本的會議共識包括：國是會議的性質、討論的主題、結論的效力等，均因雙方各有一套基本的價值體系而產生極大差異。

就國是會議的性質而言，國民黨認爲會議屬體制外，並無法律依據，僅爲總統所邀請的社會代表，以個人身份組成，不代表政黨，故而將國是會議定位於總統的諮詢會議。民進黨則認係兩黨之政治協商會議，因爲政治主權高於法律主權，所以不必有法的依據，即可以政治方法解決。⑯

就國是會議討論主題而言，國民黨認爲應以憲政改革與國家統一兩主題並行，民進黨則認為「國家統一問題」因涉及統獨爭議，且「國家統一」已明顯地預設了統一的立場，不該成為協商議題，幾經討論，改為「大陸政策與兩岸關係」。民進黨尤將國是會議之討論重點定在四十年來不妥的政治體系—即憲政改革上。⑰

就結論的效力言，國民黨認為因國是會議屬總統的諮詢會議，只須整合出一個共識來，將來由政府落實到政策面，亦即並不表示國是會議的結果具強制力。⑱民進黨則認為因屬政治協商，則應討論出結論，此一結論具有無形的拘束力，政府應該確實執行。⑲

四、結語

國是會議是我政府在非戰爭時期所召開的政治會議，它使我國內部政治結構的爭執和困擾，用和平公開的方式尋求解決。有了國是會議的若干共識，「憲政改革策劃小組」乃得以積極務實的態度，作憲政改革推動。它最具關鍵性的決定：終止戡亂時期、廢止臨時條款、回歸憲法、採用一機關兩階段修憲方式、修憲用附加條款並冠以「中華民國憲法增修條文」等，將民國三十八年政府來台後，所運作的非常時期體制，予以徹底改革，使政治民主化得以穩健發展，亦為憲改工程開啓了契機。

註釋

①李炳南，憲政改革與國是會議（台北：永然文化出版公司，民國八十一年四月），頁二一八。
②同上，頁二九。
③同上，頁三四—三五。
④台北，中國時報，民國七十九年三月三十日，版三。
⑤台北，聯合報，民國七十九年四月三日，版一。
⑥同註①，頁三六—三七。
⑦同上，頁二一。
⑧台北，中國時報，民國七十九年七月五日，版五。
⑨同上。
⑩台北，中央日報，民國七十九年十二月六日，版二。
⑪綜合民國七十九年七月七日、八日聯合報、中國時報、自由時報。
⑫同註①，頁四二。
⑬三民書局編，大法官會議釋彙編（台北：三民書局，民國八十四年四月），頁二一七。
⑭馬起華，民權主義與民主憲政（台北：正中書局，民國八十一年十一月），頁七四八—

七四九。

⑮ 同註①，頁三七—三八。

⑯ 台北，首都早報，民國七十九年四月二日，版三。

⑰ 台北，首都早報，民國七十九年四月二日，版六。

⑱ 國是會議祕書處編，國是會議實錄（未出版），頁二三一。

⑲ 台北，自立早報，民國七十九年四月一日，版二。

伍　第一階段修憲的探討

一、前言

民國八十年是我國開啓憲政發展重要的一年。前一年（民國七十九年）召開的國是會議，終於確定結束解嚴後氣息已弱的威權體制，包括：終止動員戡亂時期、廢止臨時條款、回歸憲法、一機關兩階段修憲。其後又因第二階段修憲時對總統選舉產生方式未達成共識，乃有第三階段修憲。從民國八十年起的憲政發展將我國的民主政治一方面帶回正軌，另一方面卻又引出若干困擾。就前者而言，廢止臨時條款回歸憲法以及資深中央民意代表全部退職，二屆國代、立委、監委全面改選等等，代表民主憲政的新里程；就後者而言，經過三次的修憲，對於中央體制衍生出諸多爭議，將爲未來的憲政走向增添變數。本文將由第一階段修憲的經過、內容、評析等，瞭解憲政發展的實況。

二、第一階段修憲的經過

國是會議閉幕後，國民黨內部即開始著手進行憲政改革。原國是會議主席團提議設置「憲政改革諮詢小組」以落實國是會議結論，唯國民黨高層內部傾向由黨內設置「憲改小組」，以推動各項憲政改革事宜。民國七十九年七月十一日，國民黨中常會決議在黨內設置「憲政改革策劃小組」，由副總統李元簇擔任總召集人，下設「法制」、「工作」兩個分組。前者負責憲法修定及修定程序之研擬；後者負責有關憲政改革意見之搜集、整理、分析與有關機關、政黨就憲政改革的協調與聯繫。①

國民黨「憲改小組」於民國七十九年八月十五日召開第三次全體會議中確定小組本身的行政作業組織、職權與流程：「法制分組」確定十項修憲議題及其研議小組，預計六個月完成規劃。「工作分組」，其下分設資料、宣傳、協調、機構調整與地方制度五個小組，預計八個月時間完成相關議題之研議，並協調行政事宜。「法制分組」與「工作分組」的權限，僅在於研議分析各項改革方案之利弊，再將意見彙整提報「憲改小組」審議參考，最後才由國民黨中常會核定具體方案，作為國民黨推動憲政改革之藍本。②

民國七十九年九月廿六日「憲改小組」舉行第六次全體會議獲得如下共識：⑴現行憲法條文不動。⑵增修條文不用第十五章，而用附加條文方式，附在本文之後。⑶增修條文集中條例，不分散在各章中。⑷名稱冠以「中華民國憲法增修條文」。⑸增修條文之前，要有序文，說明在國家統一前適用。③到了同年十二月廿六日「憲改小組」第十五次會議在多項憲政改革關鍵性問題上，獲得重大突破性決議：⑴建議國民大會在民國八十年四月舉行臨時大會，訂定「中華民國憲法增修準備期間過渡條文」，並廢止動員戡亂時期臨時條款。⑵建議總統於國民大會完成前項任務後，咨請公布過渡條款及公布臨時條款之廢止時，宣告動員戡亂時期終止。⑶建議政府在民國八十年十二月辦理第二屆國大代表選舉。⑷建議國民大會在第二屆國大代表選出後一個月內舉行臨時會，進行第二階段實質修憲，並在民國八十一年年中完成憲政改革。⑸有關過渡條文之內容，請「工作分組」之資料組研議，送請「法制分組」儘速討論，再提報「憲改小組」審議。國民黨「一機關兩階段」之修憲策略正式確立。④

民國八十年一月四日「憲改小組」總召集人李元簇指出「一機關兩階段」修憲方式之理

由：⑴應以國家利益至上。⑵應顧及國家安全及人民福祉。⑶應維護憲法基本精神。⑷應考慮環境因素，適應當前環境需要。⑸應考慮時間因素，在兩年內完成憲政改革。⑤一月六日，「法制分組」將第一階段修憲案名稱，從「過渡條文」易名爲「中華民國憲法增修條文」，提報審議。⑥一月十四日，「法制分組」針對第一階段修憲之憲法增修條文進行討論，提出九條增修草案，包括：國民大會代表、立法委員、監察委員之法源依據、選舉方法、二屆國代任期、總統緊急命令權、動員戡亂時期法律未及修訂者繼續適用、以及國安會等機關繼續存在法源等。⑦

民國八十年三月廿六日，李登輝總統正式頒布國大臨時會召集令。三月廿五日，國民黨憲改小組通過「中華民國憲法增修條文」草案。⑧第一屆國民大會代表第二次臨時會於三月廿九日起辦理報到，四月八日揭幕，出席代表五百八十二人。李登輝總統致詞時指出，適時適當的增修憲法，並解決終止戡亂時期所產生的若干問題爲全體國代歷史任務。⑨唯朝野兩黨對國大臨時會修憲案歧見無法溝通，民進黨「憲政危機處理小組」於四月十五日決定放棄議會路線，於十七日舉辦「上中山樓，反對老賊實質修憲」大遊行。⑩李總統於四月十六日表示，民進黨退出國大臨時會及決定發動群眾遊行，認爲非常令人遺憾，憲改不是革命，須依程序辦理。⑪十七日民進黨發動遊行，朝野雙方在午夜協商決定：國安會、國安局及人事行政局等「三機關」在憲法增修條文中訂定「日落條款」，即三機關的組織法規繼續適用到民國八十二年底，且在第二屆國代產生前不得以法律訂之。⑫

民國八十年四月廿二日，第一屆國大第二次臨時會依照憲法第廿七條第一項第三款及第一百七十四條第一款之修憲規定，同時依照美國憲法修正案（Amendment）方式，完成「中華民國憲法增修條文」第一條至第十條，共計十條的三讀程序。並根據「動員戡亂時期臨時條款」第十一項之規定，通過廢止動員戡亂時期臨時條款。⑬李登輝總統於四月卅日依總統職權發布總統令，明令公告終止動員戡亂時期，廢止動員戡亂時期臨時條款，公布「中華民國憲法增修條文」，三項總統命令自民國八十年五月一日零時起生效。⑭這次國民大會臨時會，對資深的國大代表而言，是一次承先啓後的重要修憲會議，確定了第二屆中央民代的法源依據。到了民國八十年五月一日起終止戡亂時期，正式結束長達四十餘年的動員戡亂時期非常體制，廢止臨時條款，重新回歸憲法，也代表我國民主憲政的發展從此進入新的階段。

三、第一階段修憲的內容

第一階段修憲內容主要有六：

1.確立中央民意代表法源依據：對於國民大會代表、立法委員及監察委員的選舉規定加以修改，使不受憲法第廿六、一三五、六十四、九十一條之限制，以符合自由地區選舉之實際狀況（增修條文第一、二、三條），對上述中央民意代表之任期予以明確規定（增修條文第五條）。同時在中央民意代表產生的方式上，也首次採取政黨比例方式，選出僑居國外國民及全國不分區名額（增修條文第四條）。

2.規定第二屆國大代表臨時會的召集：決定二屆國代產生後三個月內，由總統召集國代臨時會，進行第二階段修憲的重要任務（增修條文第六條）。

3.修正總統發布緊急命令的程序：總統發布緊急命令得不受憲法第四十三條之限制，但須於發布命令後十日內提交立法院追認，如立法院不同意時，該緊急命令立即失效（增修條文第七條）。

4.賦予依據臨時條款成立之國安會三組織的法源暨落日條款：在動員戡亂時期依據臨時條款授權所成立的國家安全會議及所屬國家安全局與行政院人事行政局等三組織，於回歸憲法後，仍得依法設立組織。除取得設立的法源外，並允許其原有組織法規得繼續適用至民國八十二年底，以使前二項機關之組織在未完成立法程序前，能維持正常運作，是為落日條款之規定（增修條文第九條）。

5.規定原戡亂時期法律的適用期限：動員戡亂終止時，原僅適用於動員戡亂時期之法律，其修訂未完成程序者，得繼續適用至民國八十一年七月卅一日止（增修條文第八條）。

6.授權制定兩岸關係的相關法律：對於自由地區與大陸地區間人民權利義務關係及其他事務之處理，得以法律為特別之規定（增修條文第十條）。使政府今後得制定相關法律，處理兩岸因交流互動所衍生的各種事務。

四、第一階段修憲的評析

第一階段修憲依增修條文之「前言」宣言，係以「因應國家統一前之需要言」為目的，針對民國卅六年一月一日公布之現行中華民國憲法進行修訂。這次修憲的評析可分修憲過程與修憲內容兩部分：

㈠從修憲過程面析論

第一階段修憲草案研擬初始，不僅執政黨的國民黨內部主流派、非主流派有「一機關兩階段」與「一機關一階段」之論戰，朝野政黨之間的修憲、制憲歧異更是鉅大。就國民黨內部的爭議言，民國八十年一月三日國民黨首邀中常委就憲改協調工作進行座談，關於修憲程序問題出現了不同聲音，李煥、沈昌煥主張由現有國代直接進行修憲即可，是爲「一機關一階段論」。國民黨高層內部主流派與非主流派權力傾軋，是否以憲政改革之爭另闢戰場，引起關注。⑮一月十一日，「憲改小組」成員施啓揚、馬英九、鄭心雄針對「一機關兩階段」修憲案與執政黨部分增額國代、立委溝通。增額國代多數支持「一機關一階段」方案，另以「集思會」、「新國民黨連線」爲首的增額立委們，由於強烈要求參與修憲，乃紛紛質疑兩階段修憲方式的適當性，並擔心引發統獨大戰，措詞強烈，並指「兩階段」案是「化簡爲繁」、「二流貨」、「禍國殃民」。此一態度頗令施等人感驚愕。⑯一月廿六日李煥在「民主基金會」上，重申「一機關一階段」修憲主張。而國民黨內重量級人物在與「憲改小組」的憲政溝通會上，公開言明主張一階段修憲者，包括林洋港、沈昌煥、蔣緯國、許歷農等人。國民黨內憲政改革頗見爭議。

朝野政黨的憲政主張差異極大，從起草階段即已各行其是。國民黨中常會決議在黨內設置「憲政改革策劃小組」，以取代國是會議主席團所提議之「憲政改革諮詢小組」。民進黨因應國民黨「憲改小組」，亦經由其中常會決議成立「制憲運動委員會」。由民進黨主席黃信介出任召集人，黃煌雄爲執行長，成員包括美麗島、新潮流與五個議會黨團召集人，合計十一人，民進黨以推動「民主大憲章」進行全民複決爲訴求。⑰

民國七十九年七月廿一日民進黨「制憲運動委員會」第一次會議，決定去函國民黨要求就國是會議結論展開政黨協商，並要求與執政黨憲改策劃人士公開對話，向全民提出具體時間表，其並指出將邀請學術界、海外人士、無黨籍等改革派代表，成立「憲政改造監督小組」，對國是會議結論繼續追縱，定期向社會大眾公布評估報告。⑱九月十五日民進黨「制憲運動委員會」決議：反對國民黨「法制分組」所提之修憲途徑，將擬另籌備「憲政會議」，邀各界人士討論憲政，並提出其四項基本主張：⑴憲政改革必須由台灣直接選出之代表進行爲基礎。⑵憲法內容必須適合於台灣二千萬人民。⑶憲法內容交由公民投票作最後決定。⑷所有憲政改革工作，須於一九九一年底完成。⑲九月十九日民進黨第四屆第廿三次中常會，成立「憲政會議」籌備會工作小組，成員爲陳永興、傅正、許信良、姚嘉文、謝長廷、洪奇昌、吳哲朗、黃煌雄爲執行長。⑳

民進黨「制憲運動委員會」於民國七十九年十一月一日提出其五階段推動「憲政會議」時間表：⑴由黨團舉辦憲政改革全省說明會。⑵一九九〇年十二月廿五日召開憲政改造人民大會。⑶一九九一年一至二月間召開憲政改造研討會。⑷一九九一年三至四月間召開憲政會議籌備會。⑸一九九一年五至六月間召開「憲政會議」。㉑民國八十年一月十七日民進黨制憲運動委員會暨憲政會議籌備會工作小組第二次會議，定三月卅、卅一日舉辦其「憲改研討會」，由黃信介、黃煌雄、謝長廷、吳哲朗、姚嘉文、張俊宏、吳豐山、莊碩漢、許宗力、

吳乃仁、張德銘擔任籌備委員。㉒

民國八十年四月八日第一屆國民大會代表第二次臨時會開幕，國民黨以多數黨籍國代取得修憲主導優勢。四月十三日國大臨時會進行修憲案一讀會，民進黨國代發言首見「制訂新憲法」，無黨籍國代對增修條文所標示「國家統一目標」提出質疑，國民黨籍資深、增額國代則予以反駁，在討論過程中已隱約可見統、獨爭議。㉓到了四月十五日朝野兩黨對修憲案歧見已深，民進黨捨議會路線改採群眾路線，並宣布退出國大臨時會。四月十七日約有三萬人參加民進黨舉辦之「上中山樓，反對老賊實質修憲」大遊行。㉔民進黨的退出，使第一階段的修憲成果─「中華民國憲法增修條文第一─十條」成爲非朝野兩大黨共識下的產物。唯國民黨修憲與民進黨制憲的統獨爭議，則將是難以找到民主政治容忍妥協的交集地帶。

㈡從修憲內容面析論

第一階段修憲在「內容」上，憲法增修條文具有如下特點：

1.提供中央民代之法源依據，得以完成全面改選。依據憲法增修條文第一、二、三條之規定，使國大代表、立法委員、監察委員等中央民意代表，得到了必要的憲法法源，能在國家統一之前，未能在全面各地區進行改選的情況下，合憲地在台澎金馬「自由地區」（相對於「大陸地區」）進行全面改選，以維持民主政體於不墜。㉕

2.中央民代選舉兼採「選區制」與「政黨比例代表制」。依據憲法增修條文第四條規定，國代、立委、監委選舉中，僑居國外國民及全國不分區名額，採政黨比例方式選出。亦即國代選舉之僑居國外國民廿人，全國不分區八十人（第一條）、立委選舉之僑居國外國民六人，全國不分區三十人（第二條）、監委選舉之僑居國外國民二人，全國不分區五人（第三條）均由政黨比例方式產生。「全國不分區」的設計具有兩方面的意義；一方面對國家未統一之事實下，又能兼顧省籍代表性，有其政治性價值。另一方面可改善民主政治往往形成富人政治的弊端，透過全國不分區代表可拔擢各個政黨有才無財的優秀精英參政。然而欲使前述兩項目的得以達到，則「全國不分區」應採「兩票制」爲宜，亦即選民同時投兩票，一是投區域選舉，一是投「全國不分區」之政黨，如此有助於政黨在提名「全國不分區」時更審慎重視人選。目前依「公職人員選舉罷免法」第六十五條之規定，係採「一票制」，即選民只投區域選舉，而以各政黨所有區域候選人總票數決定各該黨「全國不分區」之名額。「一票制」雖有減輕選務之優點，但不若「兩票制」更具價值。另選罷法第六十五條第六款的百分之五「門檻限制」，有助防止小黨林立，相對地不利於小黨發展。

3.「程序修憲」中含有「實質修憲」，擴大總統職權。原本第一階段「程序性」修憲應指不作憲法實質上的變動，僅在對「憲法之修定應以具有民意之機關爲之」的共識，作程序上的準備，「實質修憲」則在第二階段修憲爲之。事實上，在第一階段程序修憲中即已作若干的實質修憲，且極受爭議之處者，該等實質修憲內容均屬戡亂時期臨時條款之規定，本應隨戡亂時期的終止，臨時條款的廢除，回歸憲法後撤銷，以回復憲法原來面貌。今皆透過憲法增修「就地合法」，如戡亂時期的總統「緊急命令權」以及國安會、國安局、人事行政局等機構是。

回歸憲法本應還給現行憲法原來體制，卻將戡亂時期之總統「緊急處分權」，結合憲法四十三條「緊急命令權」，並且不受憲法四十三條有關依據「緊急命令法」之程序及法律依據的限制。增修條文第七條：「總統爲避免國家或人民遭遇緊急危難或應付財政經濟上重大變故，得經行政院會議之決議發布緊急命令，爲必要之處置，不受憲法第四十三條之限制。但須於發布命令後十日內提交立法院追認，如立法院不同意時，該緊急命令立即失效。」在當前憲法體制總統與行政院長職權劃分極待釐清之際，此緊急命令權之賦予總統，實暗示未來制度之修改，有總統制傾向。

而國家安全會議亦屬戡亂時期產物，往往被稱爲「太上行政院」，是掌管全國情治及國家安全的最高指導機關。另所屬「國安局」則掌握全國軍、情、特、警系統之最後協調權。增修條文第九條將此兩機關納入總統府之下，企圖使總統成爲強勢之行政領導者，並且也規避了立法院之監督，形成有權者（總統）無責，有責者（行政院長）無權。此舉亦暗示將來制度之修改，或有朝向總統制之發展趨勢。就增修條文第九條：「總統爲決定國家安全有關大政方針，得設國家安全會議及所屬國安局。」至於「國家安全」、「有關大政方針」均缺乏明確的界定，此舉將使總統等於是全國最高行政首長，行政院或將成執行機構而已。

總之，第一階段修憲所含的實質修憲，將若干戡亂時期規定予以保留。其中總統之緊急命令權、國安會、國安局等設置，均擴大現行憲法中總統的職權，更使憲法中央體制的未來發展帶來諸多困擾。

4.解決戡亂時期終止，相關法律修訂不及，法源已消失的困境。動員戡亂終止時，原僅適用於動員戡亂時期之法律，隨著法源依據消失，而新法修訂不及下，該等法律本當無效，現可透過增修條文第八條，將原適用於戡亂時期之法律，因修訂不及，未完成程序者，得繼續適用至民國八十一年七月卅一日止。

5.使政府得制定相關法律，處理兩岸因交流互動所衍生事務。增修條文第十條授權政府，對於自由地區與大陸地區人民權利義務關係及其他事務之處理，得以法律爲特別之規定。此有助於解決自民國七十六年開放大陸探親以來，日益增多兩岸民間交往互動下的各種問題。

註釋

① 台北，中國時報，民國七十九年七月十二日，版一。
② 台北，聯合報，民國七十九年八月十六日，版六。
③ 台北，聯合報，民國七十九年九月廿七日，版一。
④ 台北，聯合報，民國七十九年十二月廿七日，版二。
⑤ 台北，聯合報，民國八十年一月五日，版二。
⑥ 台北，聯合報，民國八十年一月八日，版二。
⑦ 台北，中國時報，民國八十年一月十五日，版六。
⑧ 台北，聯合報，民國八十年三月廿六日，版一。
⑨ 台北，聯合報，民國八十年四月九日，版一。
⑩ 台北，聯合報，民國八十年四月十六日，版一。
⑪ 台北，聯合報，民國八十年四月十七日，版一。
⑫ 台北，聯合報，民國八十年四月十八日，版一。
⑬ 台北，中國時報，民國八十年四月廿三日，版一。
⑭ 總統府公報，第五四〇二號令，民國八十年四月卅日，頁一。
⑮ 台北，聯合報，民國八十年一月四日，版二。

⑯台北，聯合報，民國八十年一月十二日，版五。
⑰台北，中國時報，民國七十九年七月十二日，版二。
⑱台北，中國時報，民國七十九年七月廿二日，版二。
⑲台北，聯合報，民國七十九年九月十六日，版二。
⑳台北，中國時報，民國七十九年九月十九日，版二。
㉑台北，中國時報，民國七十九年十一月二日，版三。
㉒台北，中國時報，民國八十年一月十八日，版二。
㉓台北，聯合報，民國八十年四月十四日，版二。
㉔台北，聯合報，民國八十年四月十八日，版一。
㉕傅崑成，「修憲之後的中華民國總統權限」，中山大學社會學季刊（高雄：中山大學中山學術研究所，民國八十一年六月），頁七。

陸　第二階段修憲的探討

一、第二階段修憲的經過

第一屆國民大會在民國八十年五月一日完成第一階段修憲後，國民黨在同年八月十四日再次成立「第二階段憲改策劃小組」，明顯主導第二階段憲改方向。二階段修憲策劃小組總召集人由李元簇副總統擔任，下設兩分組，研究分組由施啓揚召集，協調分組由蔣彥士召集。（國民黨第二階段修憲組織運作及成員分析見表六）。八月廿七日國民黨第二階段修憲策劃小組召開第一次會議，決定分成五大議題研究，各議題的小組召集人、成員及撰稿人亦經定案，並決定最遲十月初將提出利弊分析。五大議題是：⑴研究有關總統選舉與國民大會問題。⑵研究有關總統、行政院及立法院之關係問題。⑶研究有關考試院及監察院問題。⑷研究有關地方制度及中央權限劃分問題。⑸研究其他有關憲法修改問題。①九月一日，國民黨第二階段修憲策劃小組的協調分組召開首次會議，會中決定黨內高階層凝聚共識，作業由蔣彥士主導，洪玉欽負責與在野黨、無黨籍人士協商，相關工作將次第展開。②九月十四日，國民黨第二階段修憲策劃小組研究分組召開第二次全會，會中討論總統選舉與國民大會問題，確認未來採委任代表制選總統，憲法現行規定之國大議決領土變更權不列入修憲範圍，國代仍將擁有修憲及議決領土變更權。③

與第二階段修憲有決定性意義者厥爲民國八十年十二月廿一日的第二屆國大代表的選舉。本次國代選舉的積極意義在於其結果攸關民國八十一年的第二階段修憲主導誰屬。選舉結

表六　國民黨第二階段修憲組織運作及成員分析

名稱	成員名單
修憲策劃小組	召集人：李元簇 成員：郝柏村、蔣彥士、林洋港、李煥、邱創煥、宋楚瑜、梁肅戎、林金生、蔣緯國、朱士烈、施啓揚、連戰。
研究分組（廿九人）	政府官員：施啓揚、汪道淵、吳伯雄、董世芳、馬英九、陳水逢。 黨務主管：林棟、陳金讓、祝基瀅、華力進。 國大代表：趙昌平、葉金鳳、汪俊容、孫禮光。 立法委員：洪玉欽、李宗仁、劉興善、丁守中。 監察委員：張文獻。 學者專家：蔡政文、吳庚、蘇俊雄、王友仁、荊知仁、郎裕憲、謝瑞智、姚立明、蘇永欽、李念祖。
協調分組（卅四人）	政府官員：蔣彥士、邱進益、邵玉銘、蕭天讚。 黨務主管：鄭心雄、林棟、陳金讓、祝基瀅、王述親、簡漢生、黃鏡峰。 地方議長：簡明景、陳田錨、陳健治。 國大代表：脫德榮、謝隆盛、陳川、陳璽安、許石吉、林詩輝、李伯元、周勝彥、王應傑、蔡淑媛。 立法委員：洪玉欽、王金平、沈世雄、饒穎奇、黃主文、黃正一、陳癸淼、蕭金蘭。 監察委員：林榮三、柯明謀。

資料來源：高永光，修憲手冊（台北：民主文教基金會，民國八十年十一月），頁三八—三九。

果：國民黨得到七一・七%的政黨得票率，當選二五四席（含區域一七九席，不分區六〇席，僑選一五席），再加上第一屆增額國代六四席，總共三一八席。民進黨得到二三・九四%的政黨得票率，當選六六席（含區域四一席，不分區二〇席，僑選五席），再加上第一屆增額國代九席，總共七五席。

第二屆國代選舉，執政的國民黨大勝，總計三一八席，佔總席次四〇三席之七八・九一%，明顯超過通過憲法修正案所需的四分之三多數，擁有修憲之絕對主導權，確立其在二屆國代修憲之強勢地位。相對於國民黨，在野的民進黨總計七五席（李宗藩代表於八十一年四月一日病逝，剩下七四席），所佔總席次一八・六一%，總數未達足以否決修憲案所需的全部四分之一議席，甚至必須聯合全部在野力量（無黨籍五席、非政黨聯盟四席、民社黨一席），才勉強達到法定五分之一的提案權。在這種情形下，民進黨在二屆國代的第二階段修憲中，僅能扮演配角而無法影響修憲的重大方向。

國民大會第二屆第一次臨時代表大會於民國八十一年三月廿日在台北市陽明山中山樓揭幕，隨即召開準備會議，會中因推選主席問題，爆發肢體衝突，民進黨國代不斷以程序發言爲由杯葛議事。三月廿一日舉行第一次預備會議，討論主席團選舉辦法。三月廿五日主席團召開第一次會議，會中決議延長議程十天。④三月廿六日臨時會第一次大會，民進黨繼續以張一熙黑槍事件杯葛主席謝隆盛，並不斷以「權宜問題」干擾議事進行。四月十日國大秘書處截止收受提案，提案數達一五五件，經由大體討論後，隨即於四月十三日交付一讀會。四月十四日召開第一審查委員會第一次會議，開始審查各項修憲提案，參與第一審查會國代計四〇一人。該委員會自四月廿三日至五月四日止，共舉行八次會議，審查修憲提案達一二一件。期間朝野政黨抗爭激烈，民進黨籍國代數度退席，秩序問題與權宜問題成爲會議之主題。四月十六日更爆發了行憲以來最嚴重的流血暴力事件，民進黨於四月十九日起發動「四一九火車站前街頭運動」，並於五月四日宣布退出國大臨時會，無黨籍國代稍後也宣布退出修憲行列。因有民社黨代表尚留在大會參與討論，否則難免使國民黨蒙上「一黨修憲」的陰影。

第二屆國代的第二階段修憲過程中紛擾衝突不斷，朝野抗爭中民進黨、無黨籍先後退出修憲，再加上國民黨內部對「總統委選直選案」、「立委任期延長案」均未達到多數一致的共識，甚且因意見不合互相攻訐，亦見修憲歧見之複雜難解。民進黨退出修憲後，五月六日二屆國大臨時會第二至第八之一般提案審查會完成一二四件一般提案審查。五月十二日截止收受修憲的修正案。五月十三日起進入二讀會，五月廿五日國民黨爲避免國民大會、立法院衝突加大，乃擱置立委延長四年案，至此，被稱爲「黨九條」的國民黨修憲條文，正式縮減爲「黨八條」。五月廿六日國大臨時會完成二讀會，五月廿七日完成三讀，通過中華民國修憲增修條文第十一條至十八條。李登輝總統並於五月廿八日公布實施，國大臨時會於五月卅日閉幕，第二階段修憲至此乃告完成。

二、第二階段修憲的內容

第二階段修憲共計通過憲法增修條文八條，就性質言，可分爲中央政府體制的調整（增修條文第十一條至十六條）、地方制度法制化的貫徹（增修條文第十七條）及基本國策與人民權利的增列（增修條文第十八條）等三部分。

1.中央政府體制的調整

第二階段修憲所涉及中央政府體制之變動包括國民大會職權之擴增，總統副總統選舉、罷免辦法、任期與職權之改變以及司法院、考試院與監察院三院組織及職權之調整。

(1)國民大會職權擴張與任期變更

①國民大會人事同意權之行使：依憲法第廿七條規定，國民大會具有選舉及罷免總統、副總統、修改憲法與複決立院所提憲法修正案。本次修憲，國民大會乃擴增其對司法院、考試院、監察院三院之人事同意權。憲法增修條文第十一條第一項規定：「國民大會之職權，除依憲法第廿七條之規定外，並依增修條文第十三條第一項、第十四條第二項及第十五條第一項之規定，對總統提名之人員行使同意權」，即賦予國民大會對於總統提名之司法院院長、副院長、大法官、考試院院長、副院長、考試委員、監察院院長、副院長、監察委員等人員，行使同意權。至於人事同意權之行使，依增修條文第十一條第二項：「由總統召集國民大會臨時會爲之，不受憲法第三十條之限制」。

②國民大會集會規定之改變：依憲法第廿九條規定，國民大會六年集會一次。另需依憲法第三十條規定事項召集臨時會。第二階段修憲時，依增修條文第十一條第三項規定：

「國民大會集會時，得聽取總統國情報告，並檢討國是，提供建言」，而且「如一年內未集會，由總統召集臨時會爲之，不受憲法第三十條之限制」，此即保證國民大會今後至少每年集會一次。

③國民大會代表任期之變更：爲配合總統任期的改變，國民大會代表的任期亦隨之調整。增修條文第十一條第四項規定：「國民大會代表自第三屆國民大會代表起，每四年改選一次，不適用憲法第廿八條第一項之規定」，即國民大會代表自第三屆起，由過去每六年改選一次，改爲每四年改選一次。

(2)總統副總統選舉、罷免辦法、任期與職權的改變

①總統副總統選舉之變更：憲法第廿七條規定，總統副總統由國民大會代表選舉產生。唯在民國七十九年國是會議中，與會人士曾對總統選舉由民選方式產生達成共識，加上國民黨層峰的取向。因之第二階段修憲時，將總統副總統選舉方式改變，增修條文第十二條第一項規定：「總統、副總統由中華民國自由地區全體人民選舉之，自中華民國八十五年第九任總統、副總統選舉實施」。由於國民黨內部在第二階段修憲時無法對委任直選、公民直選達成共識，故憲法增修條文第十二條第二項規定：「前項選舉之方式，由總統於中華民國八十四年五月二十日前召集國民大會臨時會，以憲法增修條文定之」，將總統選舉方式延至下次修憲決定。

②總統副總統任期的變更：憲法第四十七條規定，總統副總統任期爲六年，連選得

連任一次。本次修憲將總統副總統之任期由六年改爲四年。憲法增修條文第十二條第三項：「總統、副總統之任期，自第九任總統、副總統起爲四年，連選得連任一次，不適用憲法第四十七條之規定。」

③總統副總統罷免方法的變更：隨著總統副總統選舉方法的變更，其罷免規定亦改變。我國憲法對於總統副總統之罷免原無具體規定，而係規定於「總統副總統選舉罷免法」，該法第九條規定，國民大會對總統、副總統之罷免，是由代表總額六分之一之提議，以代表總額過半數之贊成通過。另第十條規定，國民大會在處理監察院提出彈劾案時，則以出席國民大會代表三分之二同意行之。第二階段修憲則加以變更，依憲法增修條文第十二條第四項之提議，代表總額三分之二同意，即爲通過。」二是「由監察院提出之彈劾案，國民大會爲罷免之決議時，經代表總額三分之二同意，即爲通過。」

④總統副總統補選規定：我國原憲法對於副總統缺位並無任何補選之規定，憲法增修條文第十二條第五項對此有新的規定：「副總統缺位時，由總統於三個月內提名候選人，召集國民大會臨時會補選，繼任至原任期屆滿爲止。」至於總統副總統均缺位時，憲法增修條文第十二條第六項之規定，與憲法原來第三十條、四十九條之規定相同：「總統副總統均缺位時，由立法院院長於三個月內通告國民大會臨時會集會補選總統、副總統，繼任至原任期屆滿爲止。」

⑤總統人事提名權的擴增：我國憲法原規定總統在五院中僅有行政院長之提名權。依增修條文第十三條第一項規定：「司法院設院長、副院長各一人，大法官若干人，由總統

提名，經國民大會同意任命之，不適用憲法第七十九條之有關規定。」增修條文第十四條第二項規定：「考試院設院長、副院長各一人，考試委員若干人，由總統提名，經國民大會同意任命之，不適用憲法第八十四條之規定。」增修條文第十五條第二項規定：「監察院設監察委員二十九人，並以其中一人為院長，一人為副院長，任期六年，由總統提名，經國民大會同意任命之。憲法第九十一條至九十三條、增修條文第三條及第四條、第五條第三項有關監察委員之規定，停止適用。」綜言之，修憲後，司法院院長、副院長、大法官，考試院院長、副院長、考試委員，監察院院長、副院長、監察委員均由總統提名，經國民大會同意任命。

(3)司法院組織與職權的變更

①司法院人員產生方式的改變：憲法第七十九條原規定，司法院院長、副院長及大法官由總統提名，經監察院同意任命之。修憲後，監察院性質已由準民意機關一變而為準司法機關，司法院人員產生方式亦隨之變更。憲法增修條文第十三條第一項規定，司法院院長、副院長、大法官由總統提名，經國民大會同意任命之。

②憲法法庭的設立：依照憲法第七十八條、七十九條規定，司法院設大法官會議，行使解釋憲法並統一解釋法律命令之權。憲法增修條文第十三條第二項除維持大法官原有釋憲之職權外，並規定由大法官「組成憲法法庭審理政黨違憲之解散事宜」。至於政黨違憲之含義，依增修條文第十三條第三項乃指「政黨之目的或其行為，違害中華民國之存在或自由

民主之憲政秩序者爲違憲。」

⑷考試院組織與職權的變更：

①考試院人員產生方式的改變：憲法第八十四條原規定考試院院長、副院長及考試委員由總統提名，經監察院同意任命之。現監察院性質已改變，故依憲法增修條文第十四條第二項規定，考試院院長、副院長及考試委員由總統提名，經國民大會同意任命之。至於前述有關司法院、考試院人員任命之規定，依憲法增修條文第十六條第三項：「自中華民國八十二年二月一日施行。中華民國八十二年一月三十一日前之提名，仍由監察院同意任命。但現任人員任期未滿前，無須重新提名任命。」

②考試院職權的變更：憲法第八十三條規定：「考試院爲國家最高考試機關，掌理考試、任期、銓敘、考績、級俸、陞遷、褒獎、撫卹、退休、養老等事項」。即考試院的職掌除考試外，兼行考試與銓敘兩項職權，因之考試院除爲國家最高考試機關外，亦爲全國最高人事行政機關。唯考試院兼掌人事行政權，勢將影響到行政機關首長對內的指導監督，故憲法增修條文第十四條第一項將考試院職權加以調整：「考試院爲國家最高考試機關，管理左列事項，不適用憲法第八十三條之規定：

一、考試。

二、公務人員之銓敘、保障、撫卹、退休等事項。

三、公務人員任免、考績、級俸、陞遷、褒獎之法制事項。」

依上述規定，考試院繼續掌理考試及公務人員之銓敘、保障、撫卹、退休等事項，至於有關公務人員任免、考績、級俸、陞遷、褒獎、撫卹等，則只負責法制事項，其實際業務則由行政院人事行政局掌理。

③分省定額制度的取消：憲法增修條文第十四條第三項規定：「憲法第八十五條有關按省區分別規定名額，分區舉行考試之規定，停止適用。」取消分省定額制度旨在於避免相關考試法規與憲法相牴觸的情形繼續存在。

(5)監察院組織與職權的變更：

①監察委員產生方式的改變：依據憲法第九十一條及憲法增修條文第三條、第四條及第五條第三項規定，監察委員由省市議會選舉，等於是經人民間接選舉產生。監委既由人民間接選出，監察院遂具有準民意機關性質。依憲法九十二條規定：「監察院院長、副院長由監察委員互選產生。」依憲法九十三條規定：「監察委員任期六年，連選得連任之。」唯因監察委員由省市議會間接選舉產生，易生賄選，而監察院職司風憲，更時遭致輿論批評。憲法增修條文第十五條第二項因而規定，監察院院長、副院長及監察委員均改由總統提名，經國民大會同意任命之。

②監察委員性質改變：監察委員產生由省市議會選舉，改爲總統提名，經國民大會同意任命。則原先監察院所具有準民意機關性質，亦改爲準司法機關。憲法增修條文第十五條第六項乃要求：「監察委員超出黨派以外，依據法律獨立行使職權。」此一規定與憲法第

八十條與八十八條法官及考試委員獨立行使職權之意義相同。另監察委員因不具民意代表身份，故憲法第一〇一條及一〇二條有關監察委員身體及言論之保障，亦停止適用。

③人事同意權的取消：憲法增修條文第十五條第一項有關監察院職權修改為：「監察院為國家最高監察機關，行使彈劾、糾舉及審計權，不適用憲法第九十條及第九十四條有關同意權之規定」。即監察院對於司法院院長、副院長、大法官及考試院院長、副院長、考試委員之產生，不再行使同意權。

④監察權行使程序的修正：憲法第九十八條、九十九條規定，監察院對於中央、地方公務人員及司法、考試兩院人事之彈劾案，須經監察委員一人以上之提議，九人以上之審查及決定。一般彈劾案僅須監察委員一人即可提議，似略草率，故憲法增修條文第十五條第三項規定：「監察院對於中央、地方公務人員及司法院、考試院人員之彈劾案，須經監察委員二人以上之提議」，以示慎重。

⑤監委彈劾對象的擴大：監察委員既已不具民意代表身份，則亦當成為彈劾權行使之對象。憲法增修條文第十五條第四項規定：「監察院對於監察院人員失職違法之彈劾，適用憲法第九十五條、第九十七條第二項及前項之規定。」

⑥彈劾總統副總統程序的修正：憲法第一〇〇條對於總統、副總統彈劾案之處理程序規定：「須有全體監察委員四分之一以上之提議，全體監察委員過半數之審查及決議」。增修條文第十五條第五項則將彈劾總統副總統之提議人數及決議人數大幅提高：「監察院對於總統副總統之彈劾案，須經全體監察委員過半數之提議，全體監察委員三分之二以上之決

議，向國民大會提出，不受憲法第一百條之限制。」

2.地方制度法制化的貫徹

行憲未久，政府即來台，「省縣自治通則」受主客觀政治因素影響，一直未能完成三讀程序。政府來台雖即實施地方自治，但基本上並未依照憲法之規定程序，其所依據者乃行政命令。職是之故，憲法有關地方制度之規定，與政府四十餘年來在實際運作上有著甚大差距。

第二階段修憲乃通過憲法增修條文第十七條，將地方制度法制化問題加以解決。依據憲法增修條文第十七條規定：「省縣地方制度，以法律定之，其內容應包含左列各款，不受憲法第一百零八條第一項第一款、第一百十二條至第一百十五條及第一百二十二條之限制：

一、省設省議會，縣設縣議會，省議會議員、縣議會議員分別由省民、縣民選舉之。

二、屬於省、縣之立法權，由省議會、縣議會分別行之。

三、省設省政府，置省長一人，縣設縣政府，置縣長一人，省長、縣長分別由省民、縣民選舉之。

四、省與縣之關係。

五、省自治之監督機關為行政院，縣自治之監督機關為省政府。」

3.基本國策與人民權利的增列

政府四十餘年在台澎金馬自由地區的經濟建設與社會快速變遷，使得憲法原先對於基本國策與人民權利的規定，需要適時檢討，適當增訂。依據增修條文第十八條規定，增訂有關民生經濟事項之基本國策與人民權利，具體之內容包括：

一、國家應獎勵科學技術發展及投資，促進產業升級，推動農漁業現代化，重視水資源之開發利用，加強國際經濟合作。

二、經濟及科學技術發展，應與環境及生態保護兼籌並顧。

三、國家應推行全民健康保險，並促進現代和傳統醫藥之研究發展。

四、國家應維護婦女之人格尊嚴，並保障婦女之人身安全，消除性別歧視，促進兩性地位之實質平等。

五、國家對於殘障者之保險與就醫、教育訓練與就業輔導、生活維護與救濟，應予保障，並扶助其自立與發展。

六、國家對於自由地區山胞之地位及政治參與，應予保障；對其教育文化、社會福利及經濟事業，應予扶助並促其發展。對於金門、馬祖地區人民亦同。

七、國家對於僑居國外國民之政治參與，應予保障。

三、第二階段修憲的評析

1.從修憲過程面析論

第二階段修憲的過程中，國民黨內部不僅因「總統選舉方式」分成對立的「直選派」、「委選派」，又「立委任期延長四年案」，形成國民大會、立法院兩者之嚴重衝突。而國民黨與民進黨的「修憲」、「制憲」之爭，亦使在二屆國代中居於少數的民進黨捨棄議會路線走上街頭抗爭，最後更退出修憲行列。綜觀第二階段修憲過程可謂波折橫生，爭議不斷，其中影響最鉅者分列如后：

(1)總統選舉方式之爭—國民黨三中全會的妥協

國民黨十三屆三中全會於民國八十一年三月十四日到十六日召開。三中全會本當為二屆國代第二階段修憲的「任務提示」，結果形成總統選舉方式的大辯論，與會者反無暇深入討論修憲小組所提的其他議題，諸如：國代是否每年集會、國代職權、行政院長副署權、立委任期、監委產生方式等。質言之，三中全會成為國民黨內部主流派非主流派、直選派委選派的拉鋸戰。

基本上，民國八十一年三月以前，國民黨對於民進黨的公民直選總統均是強烈反對。在民國八十年底的二屆國代選舉中，國民黨以「革新、安定、繁榮」的文宣口號，主張修憲與委選，且獲致大勝。到了八十一年三月四日李登輝總統約見國民黨省市黨部主委與地方首長後，傳出國民黨有改採公民直選的消息，三月五日無黨籍代表吳豐山透露李總統支持公民直選。三月八日國民黨修憲策劃小組經過四小時激辯，有七位（蔣緯國、李煥、郝柏村、梁肅戎、邱創煥、林金生、朱士烈）贊成委選，六位（連戰、黃尊秋、蔣彥士、林洋港、宋楚瑜、施啓揚）贊成直選，故而做成以兩案併陳方式送至臨中常會。三月九日的臨中常會，仍無法對總統選舉方式作單一決定；而採兩案併陳送至三中全會。

三中全會開議後，直選委選兩派分別展開連署。其中委選派批評決策反覆，李煥、邱創煥並先後上台爲委選強力辯護。林洋港則堅持反對強行表決，以免造成國民黨嚴重分裂。林洋港、郝柏村、蔣彥士、李煥、邱創煥、宋楚瑜、施啓揚、馬英九等經過協商密談，認爲應以整體考量爲主，調合兩派爲先。會後並推舉宋楚瑜向李登輝主席報告，李在情勢不夠明朗，且無絕對把握下同意。最後經過三天議程，通過了對二屆國代的任務提示。有關總統選舉方式：「總統、副總統由中華民國自由地區全體選民選舉之，其方式應依民意趨向審慎研定，自中華民國八十五年第九任總統、副總統選舉施行。」

綜觀國民黨三中全會是一場「妥協」的戰爭，兩派在權力消長的對峙下，透過政治藝術化、集體智慧而以妥協方式，將戰場延續至國大臨時會，甚至延續到民國八十三年的第三階段修憲。國民黨政策的急轉彎，除了總統之外，似乎無人能有此直接、鉅大影響力。或謂它暴露了國民黨由上而下的決策過程，顯得任性且草率，使「黨內民主化」的屬性再次受到衝擊。⑤

(2)國大擴權修憲案—國大立院職權的爭議

二屆國大開議後，四月十四日李勝峰立委在立院指責國代王應傑爲「垃圾」，王並回罵李「蟑螂」。四月廿七日國民大會一讀通過「國大每年定期集會三十天」、「設置正副議長」、「國會設立預算局」、「國大立院互審預算」等多項國大擴權修憲案，此舉引起社會輿論譁然，尤以諸多項目都關係到立法院在原有憲政結構上的權限，立法委員紛紛提出異議，包括國民黨立院黨團決議由黨鞭王金平向中央表達嚴正堅定的反對態度，民進黨陳水扁發起一人一言聲討國大運動，謝長廷建議修改國大組織法，限制國大有關自身的修憲權，張俊雄提案在立法院成立修憲特種委員會。另外新國民黨連線舉行記者會訴諸輿論，共同聲討國大之提案。⑥

二屆國大的修憲從「垃圾蟑螂事件」而到國大一連串擴權修憲案，終至形成國民大會與立法院間的職權之爭，並直接影響了「黨九條」中的立法委員任期延長爲四年案。五月五日有二三三位國代主張將立委任期改爲二年或三年改選一半，符合美國眾議院情形。此時國民黨爲避免國大立院兩個國會間對立情勢的昇高，乃於五月廿五日決定擱置立委任期延長四年案，並且打消縮減爲兩年的提案。至此，被稱爲「黨九條」的國民黨修憲條文，正式縮減爲「黨八條」。

國大反對立委任期延長的意見主要有五：1.立法院一院獨大的情況已經引起各方反感，如果任期再予延長，更無法駕馭。2.立院議事效率低落，重大民生法案堆積如山，連帶影響行政效率與施政計劃。3.美國總統任期四年，相當於我國立委的眾議員任期只有兩年，如今我國總統任期已從六年降爲四年，立委任期自應減爲兩年才合理。4.當前金權政治越來越明顯，如果任期縮短爲兩年，在投資報酬率大幅降低的情況下，賄選及金權情況或有所改善。5.立委縮短爲兩年，對於一些大鬧議場的不肖立委，民眾也有機會在短期內用選票將之趕出國會。⑦

國民黨原政策是要將立法委員任期改爲四年，用以配合總統、國民大會任期（前述均由六年改為四年），一則可統一所有中央民代任期，二則立委任期配合總統任期，亦有助於行政院長位置之安定性（亦可固定為四年），否則立委任期維持三年，總統任期為四年，則行政院長短則一年，長則三年即面臨去留的困境（因逢總統、立委改選）。這一影響已顯現在民國八十四年十月十三日大法官會議所做成釋字第三八七號之上，該案正式確定在立委改選後（按：第三屆立委起），內閣應總辭。修憲本當為莊嚴慎重的大事，卻因兩院會間情緒性的反應，而無法對修憲內涵、理念等憲政體制予以認真檢討，實值思索再三。

(3)朝野兩黨理念之南轅北轍—統獨爭議的兩極化

民進黨在二屆國大代表選舉時，已確定其在修憲中的少數地位。唯其「制憲建國」、「總統直選」的主張，從第一階段修憲結束後，民進黨「人民制憲會議」通過「台灣共和國」的「台灣憲法草案」；到二屆國代選舉，民進黨首度公開將「台灣獨立」的政見提出；再到第二階段修憲的「四一六流血事件」、「四一九大遊行」，民進黨的宣揚「台獨」理念、推動「台灣憲法草案」與主張「總統公民直選」是一貫的。雖然期間民進黨遭逢二屆國代選舉的挫敗與「四一九遊行」的無法拉抬聲勢，但其路線未曾稍變。亦使其「台獨」、「制憲」的主張與國民黨「中華民國」、「修憲」的主張極難得到交集地帶，此一國家認同問題將為我國民主憲政蒙上陰影。

第一階段修憲結束後，相對應於國民黨第二階段憲改策劃小組的成立，民進黨政策中心主任黃煌雄於民國八十年七月十一日表示，民進黨將於八月七日以前提出「新憲法草案」初稿，八月廿四日舉行大規模的「人民制憲會議」，欲藉此凝聚在野力量，共同訂定新憲法草案，作爲民進黨參與二屆國代選舉的共同政見及最高指導原則。到了八月十三日，民進黨結合無黨籍及部分學界人士，正式公布擬定的「台灣憲法草案」（共分十一章，一〇八條），以「事實主權」原則，主張「台灣獨立」，建立「台灣共和國」。八月廿五日民進黨主導的在野人士「人民制憲會議」通過明確標舉台灣國號爲「台灣共和國」的「台灣憲法草案」。八月廿八日，民進黨中常會決議承認「台灣憲法草案」。國民黨發言人中央文工會主任祝基瀅譴責民進黨「人民制憲會議」通過「台灣憲法草案。」⑧

第二階段修憲的前哨戰—二屆國代選舉，民進黨首次公開將「台灣獨立」的政見投入本次選舉，由民眾進行公決。選舉結果，民進黨重挫（得票率二三・九％，在四〇三席中僅有七十五席），明顯失去主導能力。唯民進黨國代早已計畫在第二階段修憲中採各種政治抗爭手法，於二屆國大開幕式，李總統蒞臨致詞時，彼等身穿「制憲建國」背心，以站立方式在會場拉「總統直選」的白布條抗議。其後國代舉行宣誓，由大法官史錫恩監誓，民進黨要求自行宣誓，國大祕書處未能適時制止，民進黨又把誓詞加添「台灣」及「一九九二」字跡，甚且高呼「台灣共和國萬歲」。⑨民進黨「台獨」、「制憲」主張表露無遺，亦埋下二屆國代修憲諸多紛擾不安的根源。

朝野兩黨爲順遂二階段修憲任務，曾進行多次會外協商，希冀能達成彼此共識。以民進黨而言，「總統直選」爲其主要訴求，而總統選舉方式在國民黨三中全會無法達成共識，因此無法與民進黨在總統選制這個重大議題進行協商。民進黨則對國民黨在三中全會時總統選制發生變化，認爲有機可乘，除了在議場訴求外，更積極籌劃「四一九總統直選」大遊行，圖以「裡應外合」迫使國民黨在修憲中決定總統選舉方式。

國民黨國代爲避免替民進黨造勢，在四月十九日前未使國大進入一讀會，四月十六日，民進黨主席許信良在未經大會許可下，率眾入場爲四一九遊行宣傳。民進黨國代則穿著「四一九大遊行」綠色背心繞行議場，抗議國大未能及早進入一讀會，結果引發嚴重肢體衝突，「四一六流血事件」，不僅有國民黨籍國代余松俊、王百祺與民進黨籍國代劉貞祥受傷送醫，導致議事癱瘓；因而媒體廣爲報導，傳播到國內國外，使政府推動憲改決心、形象遭受重大衝擊。

「四一九」遊行，民進黨國代集體退席，發動群眾走上街頭進行集體抗爭，實則在民國八十年底的國大代表選舉，民進黨因以「台獨」爲訴求而遭遇重挫，也反映出民眾企求安定的心聲。唯民進黨並未仔細體察此一民意的歸向，仍然以同樣訴求並佔據台北交通大動脈的火車站前，造成民眾交通、生活的不便。民進黨原預估三萬人的動員人數，事實上僅達十分之一，人數最多時約四千多人，靜坐時也只維持六百至一千人左右，迨四月廿四日警方看民眾已深感不耐，認爲時機成熟，乃以警力進行驅離，民進黨街頭抗爭劃下句點。

民進黨結束街頭抗爭後，並未儘速回到國大會場參與修憲工作，反而以退出國大圖造成一黨修憲爲要脅，逼迫國民黨答允其所提「兩大開會條件」——總統民選修憲提案公開討論不得擱置、兩黨修憲提案重大歧異部分由兩黨國代舉行交叉辯論。前者國民黨認爲直選原則下，「選舉方式」之技術問題涉及整個憲政體制的變革，不能不以更多的時間斟酌損益。後者

「一對一交叉辯論」會剝奪多數代表的發言權等不公平情形，國民黨國大黨團書記長謝隆盛乃予嚴詞拒絕。至此，民進黨在進退維谷情況下，於五月四日宣布退出國大臨時會，無黨籍國代稍後亦宣布退出修憲行列。

綜論朝野政黨在修憲過程中的整體表現；就國民黨而言，在一讀審查會中，趁民進黨代表不在場時，將民進黨提出的修憲案全盤封殺，有違「多數尊重少數」與「程序正義」原則。就民進黨而言，民主絕非少數暴力，民進黨參與國代選舉，則應在議場當中就其理念與國民黨進行理性辯論，且民進黨雖居於少數，仍宜在修憲過程中，指出國民黨所提方案的缺失，並提出自身合理的理由深入分析，讓民眾瞭解問題所在，或經過時間考驗，深入民心，擴大影響層面，有朝一日，自然水到渠成。動輒走上街頭實有違「少數服從多數」，大開民主倒車，尤其二屆國代全係自由地區產生，民進黨仍以過去方式抗爭，殊不合宜。至於其「台獨」、「制憲」等大方向決策，亦應考量全民接受程度和現實環境，尤以所謂的「台灣共和國」已超出民主政治範疇，而牽涉到民族主義的情感問題。在中華民國台灣地區日益走上民主化的同時，民進黨若採理性問政，實有執政機會，是否需要以「台灣獨立」挑起族群分歧意識，造成國內政局及兩岸緊張氣氛，間接破壞了政治安定、經社繁榮，亦值民進黨審慎評估。

2.從修憲內容面析論

第二階段修憲在「內容」上，憲法增修條文具有如下特點：

⑴增修條文體例與原憲法不同：第二階段修憲當中，總計有二十六條憲法條文及三條憲法增修條文受到影響，包括憲法第廿七條、第廿八條、卅條、四七條、七八條、七九條、八三條、八四條、八五條、九〇條、九一條、九二條、九三條、九四條、九五條、九七條、九八條、一〇〇條、一〇一條、一〇二條、一〇八條、一一二條、一一三條、一一四條、一一五條、一二二條。另第一階段修憲通過的憲法增修條文第三條、第四條及第五條等三項，於第二階段修憲後亦已停止適用。前述憲法內容所造成的變遷不可謂之不大。爲了避免予人以憲法改變過鉅，第二階段修憲僅只增加八條增修條文，但亦因原憲法條文變動幅度甚大，在將修改內容歸併在八條增修條文之中，一條增修條文實包含原憲法一章中的數類事項，使得第二階段修憲條文都是冗長繁複，亦破壞了憲法原有的體例。

⑵總統選舉方式暫予擱置：國民黨在十三屆三中全會時，企圖就修憲內容建立共識，但因國民黨內部對於總統產生方式及可能衍生出的中央政府體制變動過鉅等問題，存著兩派極大差異的看法，無法達成妥協。在二屆國大臨時會上仍無法有所突破進展，於是僅確立總統、副總統由中華民國自由地區全體人民選舉之原則，但並未決定總統選舉方式，只規定在民國八十四年五月廿日前召開國民大會臨時會決定之。這也意謂著「一機關兩階段」並未完成憲改的工作，將會在八十四年五月前再次進行第三階段修憲。

⑶中央政府體制出現微妙的轉變：我國現行憲法有關中央體制規定，外表爲五權憲法的架構，但較傾向於內閣制的色彩。行政院、立法院分別爲國家最高行政與立法機關（憲法第五三條、第六二條），行政院須向民選產生的立法院負責（憲法第五十七條）。至於國民大

會平時只有選舉及罷免總統、副總統與修憲權（憲法第廿七條）、並且每六年集會一次（憲法第廿九條）。現行憲法有關中央體制的設計與國父五權憲法的實質精神顯有差異，但較接近西方三權代議制度的精神。

第二階段修憲時，國民大會自主意識提高，要求大幅擴權，後個人提案雖被打消，卻爲第三階段修憲的發展奠立基礎。第二階段修憲並賦予國民大會對司法院院長、副院長、大法官，考試院院長、副院長、考試委員，監察院院長、副院長、監察委員等的人事同意權。（增修條文第十三條第一項、第十四條第二項及第十五條第二項）國民大會並得至少每年集會一次（增修條文第十一條第三項），國民大會集會時，得聽取總統國情報告，並檢討國是，提供建言。（增修條文第十一條第四項）本次修憲國民大會職權的增加，到了第三階段修憲更形擴大。國民大會自主權提高，對國民大會與立法院間的關係產生影響，未來「雙國會」的走向頗值關注。

總統選舉方式的改變，其民意基礎將增加。第二階段修憲並賦予總統有關司法院院長、副院長、大法官，考試院院長、副院長、考試委員，監察院院長、副院長、監察委員等的人事提名權。（增修條文第十三條第一項，第十四條第二項，第十五條第二項）另外提高監察委員彈劾總統的標準，將彈劾「提議權」由四分之一提高爲二分之一，並將「決議權」由二分之一提高爲三分之二，增加彈劾總統的困難度。（增修條文第十五條第五項）此外再加上第一階段修憲所賦予總統緊急命令權（增修條文第七條），以及總統爲決定國家安全有關大政方針，得設國家安全會議及所屬國家安全局（增修條文第九條）。總統職權的大幅增加，其與行政院長在原憲法制度上的關係將有所改變，這一轉變的趨勢距離原憲法體制漸行漸遠，反有朝「雙行政首長制」發展的趨勢。

⑷憲法法庭審理政黨之違憲解散：我國行政院下設政黨審議委員會，專司審核政黨違反人團法事宜，其嚴重者可處解散處分。當事人如不服處分雖可提起訴願，並聲請停止執行，最後亦可向行政法院提起行政訴訟。但因行政訴訟是針對中央或地方機關之違法行政處分，認為損害其權利而提起（行政訴訟法第一條），與政黨審議委員會處理政黨違法案件之性質完全不同。若最後由行政法院承審決定，不單使法院之職權混淆，且將使問題更為複雜。鑒於歐陸各國多有設置憲法法院或憲法委員會，以審查法令違憲或違法的問題，且德國並將政黨有關爭議完全委由聯邦憲法法院審理。因此，第二階段修憲，我國即參考他國之著例，增訂組成憲法法庭審理政黨違憲事項，且對「違憲」亦有詳細解釋，以杜爭議。增修條文第十三條第二項及第三項規定：「司法院大法官，除依憲法第七十八條之規定外，並組成憲法法庭審理政黨違憲之解散事項。政黨之目的或其行為，危害中華民國之存在或自由民主之憲政秩序者為違憲。」

⑸監察院定位為「準司法機關」：第二階段修憲，五院之中變動較大者為監察院。監察委員改由總統提名，國民大會同意任命，自提名第二屆監察委員起實施。原為「共同相當於西方國會」之監察院，被定位為「準司法機關」，監察委員不再行使考試院、司法院人員之同意任命權，且不再享有言論免責權，而受「公務員服務法」之約束。對監察委員的行使職權，並增列了「須超出黨派以外，依據法律獨立行使職權」。修憲中並提高「提議」彈劾案

之人數，由原憲法規定，發動彈劾案，須監委一人以上之提議，改爲須經監察委員兩人以上之提議。至於審查及決議的人數則不變。（增修條文第十五條第三項）對總統、副總統的彈劾人數亦提高，原憲法規定全體監委四分之一以上提議，過半數審查和決議，修憲改爲過半數以上之提議，三分之二的決議，始得向國民大會提出。（增修條文第十五條第五項）

⑹考試院職權的釐清：憲法原規定考試院職權包括考試與銓敘兩部分，考試院不僅爲國家最高考試機關，同時亦爲全國最高人事行政機關。爲避免影響到行政機關首長對內的指揮監督，故增修條文第十四條第一項乃重新釐清考試院職權，將公務人員的考試、銓敘、保障、撫卹、退休等由考試院掌理，其他之任免、考績、級俸、升遷、褒獎等之「執行」，規劃由行政院人事行政局與各用人機關掌理，考試院則專責其「法制事項」。

⑺地方自治法制化：政府在台實施四十餘年地方自治，均非依照憲法之規定程序，而係依據行政命令辦理。故而第二階段修憲予以明確規定，並賦予地方自治法源，將省縣市之監督機關予以釐訂，使地方自治法制化更具明確性。經過本次修憲，台灣省長、台北市長、高雄市長即可依據法律規定產生，開啓中華民國台灣地區地方自治的新里程。

四、結語

總言之，國民大會第二屆第一次臨時會，在七十天期間，將國民黨所擬九條修憲草案，除對立法院之任期案予以暫時擱置外，其餘均獲通過。李登輝總統在修憲完成後指出：「這次修憲的成就具有四大特色：一、內容程序民主化。二、貫徹執政黨三中決議。三、維持五權架構。四、涵蓋六大革新。」然而平情論之，修憲期間，朝野兩黨對於修憲的方向，多以達到黨派及個人政治上目的爲主，忽視憲法有其根本性與固定性。憲法爲國家根本大法，不宜輕言變更，尤以中央體制爲然，除非扞格不入，或窒礙難行，才得予以修正，否則難以建立優良「憲政精神」，更難樹立其長治久安的價值及獲得人民的尊重，這將徒然予人以藉修憲之名，行制憲之實，而有「中華民國第二共和」之非議。無論如民進黨「台灣憲法草案」之總統制，或主導我國第一、二階段修憲的國民黨，朝向「雙國會」、「雙行政首長」發展，都明顯破壞憲法原有的體制與設計，對於憲政成長勢將造成嚴重斲傷，並使修憲之後反而更形混亂，爲我國民主憲政發展增加不確定性，野心政客和御用學者今後更易於蠶食鯨吞這部憲法。

註釋

①台北，聯合報，民國八十年八月廿八日，版二。
②台北，聯合報，民國八十年九月三日，版二。
③台北，聯合報，民國八十年九月十五日，版一。
④台北，中國時報，民國八十一年三月廿六日，版一。
⑤李炳南，憲政改革與國民大會（台北：月旦出版社，民國八十三年），頁一九。
⑥台北，中時晚報，民國八十一年四月廿八日，版二。
⑦台北，台灣新聞報，民國八十一年五月廿一日，版二。
⑧台北，聯合報，民國八十年八月廿九日，版一。
⑨台北，中國時報，民國八十一年三月廿一日，版一。

柒　第三階段修憲之探討

一、前言

民國八十一年五月第二屆國民大會臨時會的第二階段修憲，雖然通過總統、副總統自民國八十五年第九任起改由自由地區全體人民選舉之，但選舉方式究竟採取公民直選或委任直選，並沒有具體結論，因此規定由總統於民國八十四年五月廿日前召集國民大會臨時會，以憲法增修條文定之。（第二階段增修條文第十二條第二項）到了民國八十二年八月間國民大會代表陳子欽等一百廿八人簽署，依據憲法第三十條第一項第四款規定，請求召集國民大會臨時會，修改憲法。另第五屆司法院大法官亦將於民國八十三年九月任期屆滿，新任人員必須經由總統提名，經國民大會同意任命，因此李登輝總統乃於民國八十三年三月廿九日發布第二屆國民大會第四次臨時會召集令，定於四月廿九日集會。本文擬由第三階段修憲的經過、內容、評析等，深入瞭解我國憲政發展的實際狀況。

二、第三階段修憲的經過

國民黨因第二階段修憲未能確定總統選舉方式，且有若干相關問題，有待研議，故而早在民國八十一年六月即成立「憲政研究小組」，由全體黨籍國民大會代表組成，中央委員會秘書長擔任召集人，並設四個研究分組，分區研討憲政問題。民國八十二年十月間國民黨國大工作會決定，撰寫修憲參考提綱，作爲國大代表研提修憲條文之參考。後由國民黨籍國代中憲法學者荊知仁、郎裕憲、董翔飛及謝瑞智等四人分提「總統制修憲案」、「內閣制修憲案」、「雙重行政首長制修憲案」及「現行制度改良案」四種，於八十二年十二月提供國民黨籍國代研討之用。

國民黨於民國八十二年十二月廿二日中常會第十七次會議決議成立「修憲策劃小組」，以順遂修憲策劃工作，由李元簇副主席擔任召集人，成員包括郝柏村、林洋港、連戰、蔣彥士、邱創煥、劉松藩、施啓揚、許水德、宋楚瑜、陳金讓、饒穎奇及謝隆盛等十三人。「修憲策劃小組」之下成立「諮詢顧問小組」，成員廿九人，由國大代表、立法委員、學者專家及政府相關部門人員參加，參與修憲研議工作。

國民黨所進行各項修憲研擬規劃，均先經由國民大會「憲政研究小組」及黨內「諮詢顧問小組」研討，待獲致初步結論後，始提報「修憲策劃小組」。「諮詢顧問小組」共舉行十五次會議，「修憲策劃小組」亦先後共舉行十一次會議。

國民黨所擬修憲提案在最後送達國民大會之前乃是依循：修憲諮詢顧問小組→修憲策劃小組→中常會→十四全臨中全會的階段進行。經十四全臨中全會討論，國民黨最後通過「黨八條」修憲案。並確定修憲之原則，為「維持五權憲政體例，適應國家統一前之需要及當前民意趨向，作必要之增修」；修憲之體例，「不修改憲法本文，而將增修條文除作必要之增修外，並將現行規定作必要之整理及調整其條文順序，使規定更為明確周延。」①

第二屆國民大會第四次臨時會於民國八十三年五月二日舉行開幕典禮，李登輝總統蒞臨致詞。李總統並於十九日蒞臨國民大會作國情報告後，以六日時間全程參與聽取代表對國事之建言。二屆國大第四次臨時會所進行的第三階段修憲，國民黨提出「黨八條」，民進黨則推出「黨六點」作爲對抗籌碼。民進黨除了總統直選、原住民正名兩案外，其餘有關總統制、總統提前直選、單一國會等主張均與國民黨版本無緩衝空間。

第三階段修憲於民國八十三年五月廿七日第十四、十五、十六次大會，議事日程安排修改憲法提案第一讀會大體討論時，就有關第一讀會開議出席法定人數問題，引發激烈爭議，在野黨代表認爲應依憲法第一百七十四條第一項第一款之三分之二出席，而國民黨代表則認爲應依照國民大會組織法第八條規定，以三分之一人數作爲第一讀會之開議出席人數。雙方都不妥協，民進黨乃採強力杯葛策略，導致連續數日發生互毆後散會情事，影響到第一讀會大體討論無法進行。其後經朝野政黨協商，至第十八次會討論後決議：「有關修憲第一讀會開議出席人數之爭議，送請司法院大法官會議解釋。至於聲請書之內容，授權秘書處依司法院大法官審理案件法之有關規定擬定之。」唯至本次臨時會結束時，大法官會議仍未就本釋憲案做成決議。（直到民國八十四年六月九日大法官會議始以釋字第三八一號解釋，認爲修憲第一讀會開議人數，屬於議會自律之事項，可由國民大會自行訂定。）

國大於六月六日起開始進行一讀修憲提案審查會，至六月廿三日止共召開十三次會議，審查一一二件修憲提案——其中國民黨版一件，民進黨版卅三件，無黨籍版二件，國民黨國代自行提案六十六件，新黨十件。該審查會原定於廿四日結束，因民進黨國大黨團於廿三日中午下山聲援原住民的遊行活動，於是國民黨籍國代乃放棄發言的機會，加速審查的進行，而提前於廿三日下午結束，一讀審查結果共通過十三條修憲提案。七月五日進入二讀會後，民進黨因其九項修憲案的修正案被表決撤銷，以及力主「僑民選舉總統」採分段表決，不斷杯葛大會議程，直到七月廿八日，大會才對修憲提案及其修正案展開逐條表決工作，民進黨於是日晚上九時許，宣布退席抗議，國民黨籍國代則順利完成二讀會，並於當天漏夜開會，於廿九日凌晨三點廿分第卅二次大會，三讀通過「中華民國憲法增修條文十條」。李總統並於八月一日公布實施，第二階段修憲乃告完成。

三、第三階段修憲的內容

依據國民黨版第三階段修憲之修訂方式爲：⑴本次修憲不修改憲法本文，而將憲法增修條文作必要之修訂。⑵憲法增修條文除依上列內容要點修訂外，並將現有增修條文，依下列原則作必要之整理修訂：1.已失規範意義之過渡規定及未及實施之規定，均予刪除。2.無須由憲法規定者，酌予刪除。3.條文順序依憲法章次，酌予調整。⑶現有增修條文除依前項修訂者外，均予保留。②故而第三階段修憲案內，採重新整理第一、二階段增修條文方式，將原第一、二階段增修條文十八條全部併入第三階段修憲案中，而成爲最新之憲法增修條文第一至第十條。第三階段修憲完成之憲法增修條文十條，除與原第一、二階段相同者外，新修正條文內容如下：

㈠國民大會職權重行規定：國民大會職權不適用憲法第廿七條第一項第一款之規定，其內容爲：1.依增修條文第二條第六項之規定，補選副總統。2.依增修條文第二條第八項之規定，提出總統、副總統罷免案。3.依增修條文第二條第九項之規定，議決監察院提出之總統、副總統彈劾案。4.依憲法第廿七條第一項第三款及第一百七十四條第一款之規定，修改憲法。5.依憲法第廿七條第一項第四款及第一百七十四條第二款之規定，複決立法院所提之憲法修正案。6.依增修條文第四條第一項、第五條第二項、第六條第二項之規定，對總統提名任命之人員，行使同意權。（憲法增修條文第一條第三項）

㈡國民大會開會召集權修正：國民大會依增修條文第一條第三項行使職權時，第一款及第四款至第六款的規定集會，或有國大代表五分之二以上請求召集時，由總統召集之；依第二款或第三款之規定集會時，由國民大會議長通告集會，國民大會設議長前，由立法院院長通告集會；前述之規定不再適用原憲法第廿九條及第卅條。（憲法增修條文第一條第四項）

㈢二屆國代任期的規定：爲使國民大會代表之選舉與任期配合總統，修憲中乃爰將國民大會第二屆國民大會代表任期至民國八十五年五月十九日止，第三屆國民大會代表任期自民國八十五年五月二十日開始，不適用憲法第廿八條第二項之規定。（憲法增修條文第一條第七項）

㈣國民大會設議長、副議長：我國憲法原無國民大會設置議長之規定，依國民大會組織法，以主席團主持議事，然以每次集會選舉主席團頗費周章，且常因主席團輪流主持會議而影響議事效率。爰考慮設置議長以提昇議事效能。並於本次修憲中明定，國民大會自第三屆國民大會起設議長、副議長各一人，由國民大會代表互選之。議長對外代表國民大會，並於開會時主持會議。（憲法增修條文第一條第八項）

㈤總統、副總統由人民直選：總統、副總統之選舉，在第二階段修憲時僅明定由自由地區全體人民選舉產生，惟選舉方式尚待確定。至本次修憲時，直接選舉方式，已成社會共識。故而增修條文乃明定總統、副總統由中華民國自由地區全體人民直接選舉之，自民國八十五年第九任總統、副總統選舉起實施。並規定總統、副總統候選人應聯名登記，在選票上同列一組圈選。其當選票數採相對多數，以得票最多之一組為當選。僑居國外之中華民國自由地區人民選舉權之行使，以法律定之。（增修條文第二條第一項）

㈥副署權縮減：憲法第廿七條規定之副署制度，其範圍並無限制。本次修憲則規定，總統發布依憲法經國民大會或立法院同意任命人員之任免命令，無須經行政院長之副署，不適用憲法第卅七條之規定。（增修條文第二條第二項）根據此規定，有關行政院院長、司法院院長、副院長、大法官、考試院院長、副院長、考試委員、監察院院長、副院長、監察委員等由總統提名，經國大、立院同意之任免命令，無須行政院長之副署。

㈦總統、副總統的缺位補選：依第二階段憲法增修條文第十二條第五項規定：「總統、副總統均缺位時，由立法院院長於三個月內通告國民大會臨時會集會補選總統、副總統，繼任至原任期屆滿為止。」因第三階段修憲，總統、副總統既已改由人民直選，故而總統、副總統均缺位時，由行政院長代行其職權，並由人民投票補選總統、副總統，繼任至原任期屆滿為止，不適用憲法第四十九條之有關規定。（增修條文第二條第七項）

㈧總統、副總統的罷免：依第二階段憲法增修條文第十二條第四項第一款規定，總統、副總統之罷免，由國民大會代表提出之罷免案，經代表總額四分之一之提議，代表總額三分之二之同意，即為通過。到了第三階段修憲，總統、副總統改由人民直接選舉後，其罷免亦經修改，規定總統、副總統之罷免案，須經國民大會代表總額四分之一之提議，三分之二之

同意後提出，並經中華民國自由地區選舉人總額過半數之投票，有效票過半數同意罷免時，即為通過。（增修條文第二條第八項）

㈨國代、立委可以單獨自行調整待遇：中央民代之待遇應以法律加以規定，大法官會議已有解釋。故而第三階段修憲特予明定，國代，立委之報酬或待遇，應以法律定之。除年度通案調整者外，單獨增加報酬或待遇，應以法律定之。除年度通案調整者外，單獨增加報酬或待遇之規定，應自次屆起實施。（增修條文第七條）

四、第三階段修憲的評析

㈠從修憲過程面析論

第三階段修憲過程中，朝野兩黨不僅在議事出席人數標準無交集，就修憲內容方面，單一國會、僑民選舉權、立委任期、國大設議長、副議長等案亦具爭議，故而爭端的發生，乃勢所難免。其中影響較廣泛者為：第一讀會開議人數標準之爭、第二讀會九項修正案撤銷之爭、僑選總統引發「條項款」與「分段」表決之爭等。

1.一讀會議人數標準的爭議

二屆國大第四次臨時會於民國八十三年五月廿七日第十四次大會，其間進入修憲提案第一讀會大體討論，出席的國代僅一一九人，大會主席仍依大會開議法定人數計算宣告開會，及至進入修憲第一讀會時，主席稱：「現在已進行到修憲提案的讀會程序，應先確定第一讀會開會人數問題。無論是依憲法第一百七十四條之規定或臨時條款之制定、修訂以及第一、二兩階段修憲之經過，均是按高標準之規定。」經清點人數，在場國代一二六人，於是主席以不足法定三分之二人數爲由，逕行宣布：「改開談話會。」到了第十五、十六、十七次大會，朝野兩黨時因開議人數問題，引起零星衝突，使得第一讀會大體討論沒有進展。大部分國民黨籍國代認爲應以國民大會組織法第八條規定，以三分之一人數出席爲第一讀會之開議出席人數。唯民進黨籍國代則認爲應以憲法相關規定辦理，以憲法第一百七十四條第一項第一款已明定三分之二出席，出席代表四分之三決議爲準。

六月一日第十七次大會時，會議一開始，民進黨一如前數日佔據主席台，並發生若干零星衝突，主席郭柏村宣布休息。十一時之後，主席欲上台繼續開會，並找高光承宣讀議事錄，此時民進黨國代以自備之口哨，吹得會場雜音四起，受到其他國代不滿，欲制止彼等吹哨子，於是引發一場混亂的打群架衝突事件，數十位朝野國代分成數個衝突地點，由主席台打到會場中央，持續混亂約達五分鐘。③

另當民進黨國代進行議事抗爭時，該黨穿著短窄裙的某女國代爬上主席桌上坐下，其餘十多位民進黨籍國代也跟著坐成一排，全體主席團退回到會場的座位上。次日輿論媒體報導在台下的代表有窺視該女國代內褲情事。六月三日因媒體的報導，遂在大會中被提出討論，國民黨籍一位女國代發言表示：「事出有因，女性自己要檢點……」，當事人憤而上前打其一記耳光，並使其眼鏡被打落，淚流滿面，站立發言台不肯下來。④後該國民黨籍女國代要求大會請陽明山管區警員來作筆錄，提出告訴。⑤國民黨籍另有一位女國代因情緒激動，致高血壓病發送醫急救。

六月一日上午的衝突，到了下午議事時反倒意外的順利，經朝野政黨協商後，由鄭寶清與邵宗海向大會報告協商結果：⑴朝野政黨一致譴責大會所發生肢體衝突之暴力事件。⑵開會時僅報告現有出席人數即可，俟簽到人數已達二一〇人時，祕書處即報告大會。⑶會議進行中，朝野兩黨不得提議清點人數。⑷有關一讀會開議人數究爲三分之一或三分之二之爭議，同意由大會決議送請司法院大法官會議解釋。⑥

一讀會開議出席法定人數問題，兩種主張各有所本。（如表七）朝野雙方都不妥協，以致在野黨採取強力杯葛策略，引發國大衝突不斷，議事停滯，天天上演互毆後散會之情形。最後終於發生打群架、掌摑事件。值得探討的是，過去反對黨杯葛的訴求是資深中央民代所造成的國會結構問題，現今二屆國代均係由自由地區選出，故而顯然並非體制結構一詞所可解釋。質言之，朝野政黨間如何提升議事品質、問政態度，如何建立協商溝通管道、技巧與容忍妥協概念，達到「過程中多數尊重少數，表決結果少數服從多數」的民主精神，應是我國走向民主化軟體建設首要之途。

2.二讀會九項修正提案撤銷的爭議

國大於七月五日進入二讀會，即因出席標準究竟是三分之一或三分之二，修憲提案審查報告書之議決應以過半數同意或四分之三通過，再度發生爭議，整日陷入混亂癱瘓。六日全天朝野政黨仍圍繞此一話題，相互推擠、叫罵下度過。七日下午國民黨國大工作會主任謝隆盛提出緊急動議，略謂，民進黨的本質就是暴力，甚至在主席團會議中掀翻桌椅，破壞國大形象，建議大會休會三天，以示對民進黨的抗議。此舉再度演成民進黨籍國代周家齊與國民

表七　國民大會修憲第一讀會開議人數主張與理論依據

一讀會人數的主張	主張理由
以三分之一為一讀會開議人數	1. 依憲法上法定人數向有「得議事之法定人數」與「得議決之法定人數」之分，民國三十五年國民大會組織法第十二條規定：「國民大會非有代表過半數之出席不得開議，其議決以出席過半數之同意為之，憲法之通過應有代表三分之二以上之出席。」故從制憲之歷史言，憲法第一七四條的「出席人數」應指議決人數。 2. 依各國之狀況，鮮有以憲法規定議會之開議人數，而多借諸立法制定或以議會內規加以決定。且一般開議法定人數的決定，其目的亦在於保障議事效率，而不在於使之成為限制少數黨表達意見之高門檻。 3. 依國民大會組織法第八條規定：「國民大會非有代表三分之一以上人數之出席，不得開議。」即以三分之一為唯一之大會開議法定人數。另依國民大會議事規則第四十四條、四十六條分別規定第二讀會、第三讀會修憲案之議決，應以代表總額三分之二之出席，出席代表四分之三之議決行之。而第四十三條第一讀會則未規定出席與議決人數。 4. 一讀會並未審查，亦未進入實質討論階段，因無議決情事，故無須規定議決人數，因之一讀會開議人數應依國民大會組織法第八條規定。
以三分之二為一讀會開議人數	1. 依憲法第一七四條第一款之文義而言，規定「三分之二出席」及「出席代表四分之三決議」等文字前後排列，已清楚看出前者為出席代表，而非決議表決人數，故修憲第一讀會須以代表總額三分之二為開議人數。 2. 依修憲程序設計言，為憲法的尊嚴和穩定受到保障，各國多以高額標準為之，我國亦不例外。若以讀會進行，自應全程適用以上標準。且一讀會有實質修憲提案審查權，能否進入二讀，完全由其決定。

3.依以往修憲成例言，臨時條款的判定與第一、二階段修憲均於一讀會即已達三分之二的高標準。

資料來源：著者整理。

黨國代劉孟昌的推擠，雙方人馬扭打成一團。其後主席張輝元進行表決謝隆盛所提緊急懲戒動議之提案，在場一九六人，以一〇九票通過休會的提案。⑦

國大於七月十六日復會後，即對修憲提案逐案進行討論並提付表決。至七月廿二日林銘德等四十人提程序動議，修憲提案審查結果修正案第三、八、十二、十三、十四、十五、十六、十八及廿等九案（國民黨一件、民進黨八件）因不符修正案要件，爲恪遵議事原理與常規，應不予成立，請大會公決案。民進黨則認爲國民黨黨團爲使其二讀會如期進行，竟提出程序動議，以民進黨所提修憲案的修正案不合法爲由，要求大會予以撤銷，乃表達強烈抗議，並以退席，拉扯麥克風、摔會議資料爲激烈抗爭。朝野兩黨在中午延長開議時間大打出手，主席李碧梅宣布重新清點在場人數，計有二三七人，民進黨國代王雪峰等群聚主席台，台上台下代表爆發肢體衝突，主席乃於台前左側就林銘德所提程序動議案，在混亂中表決通過。」⑧

當天下午民進黨籍蔡文斌主持下，首先宣布上午的表決爲不合法，並有民進黨籍顏明聖等三十人提革命程序動議：「當前政局因體制含混，顯有不妥。身爲最高政權機關的國民大會，宜應負起因應或引導社會快速變遷的功能。茲援引林代表銘德的程序動議，本席提『革命程序動議』，呼籲同仁身先士卒，以革命精神與行動，解散國民大會，是為革命程序動議。」主席蔡文斌以議事規則、會議規範均無「革命程序動議」，裁定本案不予受理。⑨

到了七月廿五日朝野兩黨對於前一週引發衝突的剔除九項修正案一事，民進黨仍堅持反對，而國民黨則以該九項修正提案不符提案條件，堅持不應討論，主席團會議最後經表決通過將該九案剔除，民進黨經聲明不接受此一結果後退席抗議。當天下午議程焦點仍集中在民進黨籍國代所提八項修憲提案修正案遭大會封殺一事上，引發朝野國代針鋒相對，最後仍無任何進展，連前一週大會議事錄都未通過。⑩

七月廿六日國大首先對主席團前一天決議不列入二讀的九項修正案進行討論，在朝野兩黨多人發言後，主席黃來鎰宣布表決，在場二四八人，贊成者二〇五人，通過。主席以場面混亂，再次清點人數，結果在場人數二六三人，贊成者二〇二人，表決通過。

綜論之，國民黨強烈反對這九項修憲修正案，乃因該等修憲修正案是針對這次並無更動的憲法條文所做的修正案。設若允許沒有更動條文內容的憲法增修條文也予重新表決，萬一發生人數不足或表決未通過，更將節外生枝。因之，無論開議人數「三分之一、三分之二」問題，乃至民進黨八項修憲修正案撤銷的核心關鍵，在於二屆國大代表議事精神不足。以國民黨二屆國代人數遠超過四分之三多十席，尚且為三分之一、三分之二與修憲修正案爭議不休，正顯見問政態度和議事品質乃是國大問題之所在。

3.僑選總統引發「條項款」與「分段」表決的爭論

「僑民選舉總統」是否入憲的爭議，其關鍵在於「僑民」界定的紛歧，引發諸多顧慮和反對聲浪。持反對理由者，認爲三千萬僑胞都回來投票，台灣地區僅有兩千萬，豈非要由華僑來決定誰來當總統，而由台灣地區人民來背書，這些人既不當兵，又不繳稅，賦予其選舉權，有違權利義務關係。另持贊成意見者，多將「僑民」做狹義解釋，國代謝瑞智即認爲「僑民」乃指在台澎金馬擁有戶籍，因經商、求學或旅遊等原因而居住國外者，爲選舉法上所稱之僑民，並非泛指一般之僑民，故而人數不過三十萬人左右。⑪

「僑民選舉權」的爭議尤表現在修憲方式上，七月廿五日上午國大主席團會議通過修憲提案二讀進行方式，決依憲法章節對經審查會通過送大會二讀之修憲提案及其修正案分類後，各類別在進行廣泛討論後進行逐條、逐項、逐款表決。民進黨則主張必要時應於每款中再逐段表決，並以「僑民選舉權」爲例發表意見。主席團將是否分段表決的主張，提交大會決定。⑫當天下午，朝野黨團的協商會議並未達成共識，民進黨國代黨團向謝隆盛提出三點要求：⑴在憲法中明訂保障原住民傳統命名權，並對原來將原住民所區分之平地原住民、山地原住民取消合併。⑵有關總統直選條文和僑民選舉總統應分段表決。⑶憲法前言中「爲因應國家統一前需要」改成「因應國家發展之需要」等較中性字眼，並在「中華民國自由地區」下加「台澎金馬」等字眼。

前述三條件經國民黨中央議決，不接受該等作法，並決定採強勢作爲維持會場秩序。認爲就「僑民選舉權」引發之分段表決若獲成功，則等於通過民進黨版直選案及封殺國民黨版，屆時修憲就成爲民進黨滿分，國民黨零分。⑬唯國民黨內部意見本即分歧，僑選國代與國大次級團體「松柏聯誼會」王慈官、趙玲玲等呼籲支持黨版修憲案，不同意採分段表決。⑭

另「國大聯誼社」陳瓊讚、王文正等及「同心會」張光輝等則反對僑民投票權入憲。此種現象與第二階段修憲時直選、委選頗有異曲同工之妙。⑮

七月廿七日國大主席團報告，是否應「分段」表決二讀修憲提案時，引發「僑民選舉總統」是否入憲之爭議。松柏會和僑選國代抗議國民黨國大黨團「暗示」部分黨籍國代，可「分段」表決總統直選條文的立場。而民進黨則和支持「分段」表決的國民黨國代「合流」。⑯就民進黨團所提出之動議，乃將國民黨版之總統直選與僑民選總統合併條文分成三段表決。另國民黨之國大次級團體國大聯誼社等則提出針對同一條文分成兩段表決的動議，兩者雖在分段上有不同，但在排除僑民選舉權上則是一致的。最後大會未能對「條項款」表決或「分段」表決做成任何結論。⑰到了廿八日中午十二點，大會才對修憲提案及其修正案展開逐條表決工作。至晚間九時四十五分，民進黨代表見大勢已去，宣布退席抗議。民進黨退出會場後，國民黨籍國代最後終以「僑居國外之中華民國自由地區人民選舉權之行使，以法律定之」，獲得共識，亦順利完成其他各條文的表決與二讀的程序，至廿九日凌晨三時廿分終於完成三讀的修憲任務。

綜論修憲的過程中，朝野政黨互動所顯示最大困境，在於彼此缺少交集，甚至修憲主張上南轅北轍，除了原住民之正名案較具共識，其餘各案雙方落差皆大，以致本質上，未曾開議即已蒙上陰影。再者，朝野政黨間，無法約束黨員建立以「說理代替動手」的民主精神，使得雙方無法平心靜氣面對程序上、憲法草案上的諸多不同意見。一方指責對方挾多數暴力，違反修憲程序；另一方指責對方少數暴力，違反議事精神。凡此導致民進黨不斷杯葛，一幕幕的「全武行」，破壞了國大形象，並在二讀時集體退席。國民黨則因爲二讀後的下次會議輪由民進黨代表任主席，故而漏夜完成三讀修憲程序。質言之，第三階段修憲的過程中，無法體現憲政主義的民主、漸進、容忍、妥協及共識的原理，對我們民主發展留下極待省思的一頁。

㈡從修憲內容面析論

第三階段修憲在「內容」上，憲法增修條文有如下特點：

1.修憲體例特殊，造成嚴重瑕疵：在第一、第二階段修憲時均採美國式修憲（amendment）之「增修」方式，維持憲法原有條文不動，將修改條文列於本文之後。然而到了第三次修憲，卻將前兩次修憲所增修的十八條條文，加上新增內容，又重新調整爲十條條文，違反「增修」原則。⑱整個修憲過程，並未依法定程序將原有十八項增修條文刪除，形成嚴重的程序瑕疵。⑲三次的修憲體例前後不一，再加上修憲後的體例亦與原憲法條文的簡潔形成對比，凡此皆開世界修憲史之先例，殆無疑義。

2.總統、副總統相關規定浮現若干憲政問題：第三階段修憲，主要是針對總統選舉方式，總統選舉方式採取公民直選，朝野政黨亦已有共識。憲法增修條文第二條第一項確立總統、副總統由人民直選，然而修憲後的總統、副總統選舉、罷免、彈劾以及職權亦有若干值得商榷之處：

(1)相對多數原則易形成「少數總統」：依憲法增修條文第二條第一款，「總統、副總統侯選人應聯名登記，在選票上同列一組圈選，以得票最多之一組爲當選。」此即採行「相對多數」而摒棄「絕對多數」方式。絕對多數即須過半數，而相對多數者即以得票最高即告當選，毋需考量是否過半數。此兩種方式實各有利弊，以言絕對多數，有利於產生更具民意基礎的總統，但不利於社會成本，尤當參選總統、副總統組數過多，在第一輪中恐將難以產生絕對多數總統，或須參考採行類似法國「兩輪多數決」方式，勢將增加社會成本，再者亦將使選舉激情時間延長，而少數政黨或將成爲關鍵少數的決定性因素。就相對多數言，雖產生方便，避免社會成本過高，免於社會激情持續過久，唯其缺點在於總統得票或將低於省長，其民意基礎不若絕對多數產生者穩固，而形成「少數總統」，或有謂難避免產生「葉爾欽效應」。⑳

(2)副總統缺位由國民大會補選，有違民選精神：依憲法增修條文第二條第七項規定：「副總統缺位時，由總統於三個月內提名候選人，召集國民大會補選，繼任至原任期屆滿爲止。」另增修條文第一條第三項第一款亦規定，國民大會之職權爲依增修條文第二條第七項之規定，補選副總統。唯從第九任總統、副總統選舉已由公民直選，則副總統缺位時亦將以民選爲宜，規定由國民大會補選，將與民選的精神相牴觸。

(3)總統、副總統罷免案須由國民大會提出，有違民主原理：依憲法增修條文第二條第九項規定：「總統、副總統之罷免案，須經國民大會代表總額四分之一之提議，三分之二之同意後提出，並經中華民國自由地區選舉人總額過半數之投票，有效票過半數同意罷免時，即爲通過。」亦即總統、副總統之罷免，應由國民大會提出通過，始得由全民行使罷免投票決定。若國民大會不予提出罷免案，或提出罷免案未達規定之國代四分之一提議，三分之二同意，則選民無以實施罷免案。依憲法修改後的情形，總統、副總統已由國民大會選舉，改爲直接民選，則其罷免案之主控權亦應直接操之於全民，而非國民大會代勞，此一做法有違民主精神。

(4)總統、副總統彈劾案實施方式有欠妥當：依憲法增修條文第二條第十項規定：「監察院向國民大會提出之總統、副總統彈劾案，經國民大會代表總額三分之二同意時，被彈劾人應即解職。」另增修條文第六條第五項規定：「監察院對於總統、副總統之彈劾案，須經全體監察委員過半數之提議，全體監察委員三分之二以上之決議，向國民大會提出，不受憲法第一百條之限制。」亦即總統、副總統之彈劾，應由監察院通過後提出，交由國民大會行使同意權。事實上，憲法經三階段修改後，監察委員產生方式已改變，彈劾案宜否仍由監察院提出不無疑問。原憲法規定，監察委員是由省、市議會選舉產生，故由監察院提出對總統彈劾，交由國民大會行使同意權尚屬合理。現今憲法增修條文規定監察委員是由總統提名，經國民大會同意任命（增修條文第六條第二項）。對總統之彈劾案卻由經總統提名之監察委員提出，殊值考量。

(5)總統職權擴張，趨向模糊不清的憲政體制：我國憲法有關中央政府體制之規定，原較具有濃厚的內閣制精神（亦非完全的內閣制），行政院與立法院分別爲國家最高行政與立法機關，行政院須向民選產生之立法院負責。行政院長統有八部兩會，擁有絕大多數行政權。總統所擁有者多爲國家元首權，其所具有之行政實權並不多，如憲法卅六條：「總統統率全國陸海空軍。」憲法第五十五條：「總統對於院與院間之爭執，除本憲法有規定者外，得召集有關各院院長會商解決之。」另憲法四十三條之緊急命令權，第五十七條之覆議核可權，須經行政院會議之決議行之。因之，依我國現行憲法之規定，總統概為「統而不治」，行政院長為「治而不統」。正因總統在我國原憲法中之行政實權本即不多，是否須直接民選尚有討論空間，卻以「主權在民」的華麗包裝，在憲法增修條文中建立總統直選機制，頗值深思，使得一股銳不可當的民粹政治的空間更形擴張。更值得隱憂者，經過三次修憲，總統職權增加，一方面漸漸改變中央體制的精神，另一方面卻未有相對制衡的設計。此一種缺乏權責平衡之憲法體制，更增添未來憲政發展的變數。

憲法增修條文所增加總統職權，嚴重改變憲法精神者有二：①規定總統得設國家安全會議及所屬國家安全局。這兩個機構本為動員戡亂時期臨時條款所設非常體制的產物，本當隨戡亂時期終止而予廢止，卻未料隨著回歸憲法與修憲之際，予以「就地合法」，明顯破壞原憲法中總統與行政院長之既存關係。且增修條文中所謂「總統為決定國家安全有關大政方針，得設國家安全會議及所屬國家安全局，其組織以法律定之。」然則，何謂「國家安全」？又何謂「有關大政方針」？關於總統權力之規定，見諸憲法卅五條至四十四條，均採列舉主義，現陡然授與總統如此多超越憲法的權力，甚至形同發交了一張空白的權力支票。另國安會之組織法，無論將國安會定位為決策機關或諮詢機關，而以總統為主席，行政院長為「第二副主席」之設計，不僅破壞憲法上最高行政決策權的規定，且此一「太上行政院」造成有權者（總統）無責（毋需對立法院負責），有責者（行政院長）無權。②總統在政府五院中擁有四院的人事提名權。原憲法僅規定行政院長由總統提名，經立法院同意任命。憲法增修條文第四、五、六條，將司法院長、副院長、大法官、考試院長、副院長、考試委員、監察院長、副院長、監察委員，均規定由總統提名，經國民大會同意任命之。此一提名權賦予總統更廣闊的政治影響力。以言監察院職司風憲，且賦有對總統彈劾之權，然而經總統提名之監察委員，與總統關係絕非陌路，欲以之彈劾總統顯非至當。另大法官、考試委員均應一本至公執行憲法規定執掌，今以總統提名，反有人情之嫌。實則司法院、考試院、監察院相關人員宜僅規定由中央民意機關連署方式加倍提名，並以多數選舉產生，更能凸顯各該機關所應具有之公正、無私特性，並獲全民信賴，以摒棄「國王人馬」之譏。

3.國大職權增加與組織常設化，形成「雙國會」走向：依憲法增修條文第一條第二項規定國民大會的職權，包括：補選副總統，提出總統、副總統罷免案，議決監察院提出之總統、副總統彈劾案，修改憲法，複決立法院所提憲法修正案，對總統提名任命人員行使同意權。增修條文第一條第五項規定：「國民大會集會時，得聽取總統國情報告，並檢討國是，提供建言。」同條第九項並規定：「國民大會行使職權之程序，由國民大會定之。」且不受立法院之立法規範。

除了職權擴張，國大亦邁向常設化、制度化。增修條文第一條第八項規定：「國民大會自第三屆國民大會起設議長、副議長各一人，由國民大會代表互選之，議長對外代表國民大會，並於開會時主持會議。」這使國大成爲常設化的「第二國會」，亦使「雙國會」發展趨勢更爲顯著。然而「對立法院負責的行政院長」與「向國民大會做國情報告的總統」僅是開啓憲政體制複雜難解的開端。隨著國民大會行使職權之程序，由國民大會本身定之，不受立法院之立法規範，往後國民大會若自行立法恢復創制複決兩權，則更將在「立法」權方面形成「不平衡」的兩國會；蓋立法院制定法律，國民大會有複決權，而立法院未制定者，國民大會可運用創制權立法。質言之，第三階段修憲確立國大常設化、制度化，以及職權的增加，一方面已形成雙國會走向，另一方面更爲往後憲政體制的複雜性、衝突性發展形成困擾。

4.行政院職權的減縮：憲法增修條文第二條第二項：「總統發布依憲法經國民大會或立法院同意任命人員之任免命令，無須行政院長副署，不適用憲法第卅七條之規定；行政院長之免職命令，須新提名之行政院長同意後生效。」此一規定，破壞了憲法第卅七條的「責任內閣制」精神，混淆了憲政主義所強調的「權責相符理念」，變成權責不清的「總統有權、內閣負責制」。此一限制行政院長副署權非爲憲政的成長，實乃憲政主義權責理念的逆退。

五、結論

國內憲政邁向新里程的同時，國民大會前後三次修憲的結果，卻爲我國未來憲政埋下陰影。馬起華在二屆國代選舉後曾表示：「……憲法之總綱、人民的自由權利、中央政府體制（除中央民意代表選舉外），地方政府、中央與地方權限之劃分，總統與五院之規定均非常週全。修憲若是爲了興利除弊，則既不能興利也不能除弊時，爲什麼要修憲？誰能保證修憲之後，能比以前更好？今日既然非修憲不可，則應探求問題所在，對症下藥；且修正的幅度愈少愈好，以減少動亂。」㉑不幸而言中，三次修憲的結果，固然順利爲自由地區中央民意代表完成法源依據，並完成地方自治法制化。但中央體制趨於混亂，將若干戡亂時期的「非常」機關就地合法，任意擴大總統職權，違逆原憲法精神；加以總統之行政實權本即不多的情形下，以「主權在民」的導向，確立總統民選產生，使之具有民意基礎，未來總統與行政院長的走向產生微妙變化。另外，國民大會職權亦在擴大，它與立法院之間「雙國會」發展已具其形。此一不尊重「憲政精神」的修憲取向，使得中央體制衍生諸多爭議，徒啓紛擾，修憲的結果，是更爲複雜，未來憲政發展更增加不確定性。

註釋

①國民大會秘書處編印，第二屆國民大會第四次臨時會修憲提案（台北：國民大會秘書處，民國八十三年五月），頁二八一。
②同上。
③台北，中國時報，民國八十三年六月二日，版二。
④台北，中國時報，民國八十三年六月四日，版二。
⑤台北，中國時報，民國八十三年六月三日，版三。
⑥見第二屆國民大會第四次臨時會，第十七次大會議事錄。
⑦台北，聯合報，民國八十三年七月八日，版四。
⑧台北，聯合報，民國八十三年七月廿三日，版二。
⑨同上。
⑩台北，中國時報，民國八十三年七月廿六日，版二。
⑪謝瑞智，修憲春秋，增訂版（台北：文笙書局，民國八十三年十一月），頁一七四。
⑫台北，自立早報，民國八十三年七月廿六日，版四。
⑬台北，自立早報，民國八十三年七月廿八日，版四。
⑭台北，自立早報，民國八十三年七月廿七日，版三。

⑮台北，聯合報，民國八十三年七月廿八日，版二。
⑯台北，聯合報，民國八十三年七月廿八日，版二。
⑰同上。
⑱張治安，中國憲法及政府，增訂三版（台北：五南圖書出版公司，民國八十三年十月），頁一二五。
⑲台北，聯合報，民國八十三年七月卅日，版二。
⑳中石，「總統選罷法」芻議，憲政評論，第廿六卷第七期，民國八十四年七月十五日，頁一七。
㉑華力進主編，二屆國代選舉之評估（台北：理論與政策雜誌社，民國八十一年六月），頁一〇七。

捌　第二屆國代憲改的影響與憲政展望

一、前言

我政府初始因戡亂與局勢的不安定，為鞏固國家基本秩序、保障人民生命財產安全，乃透過民國卅七年四月臨時條款授與總統緊急權力，另以民國卅八年五月依戒嚴法頒布之戒嚴令，這些約制了人民相當程度的自由權利。政府遷台後，這些屬於非常時期的作為，一方面有違常態的憲政運作，另一方面卻得以使當局行憲與戡亂並行，且能應付軍事、政治、經濟與外交上的緊急危難，消除內外危機，奠定了台澎金馬憲政發展的基礎。臨時條款於卅七年通過，到台灣來後，國民大會為解決憲法與當時實際政治環境的諸多困境，如憲法總統連任規定，第一屆中央民意代表囿於現實環境無法全面改選，但如何保障自由地區人民的政治參與等問題，於是在國大第二至第五次會議及第一次臨時會議均對臨時條款有所討論與增訂，藉以使得體制問題暫獲解決，並能維持政治穩定，唯臨時條款的歷次修訂，亦已改變了中華民國憲法中傾向於內閣制精神的設計。

隨著國內經濟繁榮、社會多元發展、兩岸表面上互動的趨於和緩，促使威權轉型在民國七十六年解嚴後迅速展開，政治自由化引導政治民主化而來，民國七十九年召開國是會議，民國八十年終止戡亂時期，廢止臨時條款，完成「一機關兩階段」修憲中的第一階段「程序修憲」，民國八十一年完成第二階段「實質修憲」，民國八十三年再完成第三階段修憲。

二屆國代前後三次修憲的貢獻，在於終止動員戡亂時期，廢止臨時條款之後，對自由地區中央民意代表的產生、地方自治法制化均有特別規定，解決了憲法以全中國爲格局之設計在當前不能適用之困難，並授權以法律特別規定兩岸人民關係與事務處理，反映了中國分裂四十餘年的政治現實；另在國民經濟、社會生活等基本國策，亦有配合國家當前需求的新規定，這些都符合憲法適應性原則。①

此外，終止戡亂時期，廢止臨時條款，緊接下來的憲政改革，應以回歸憲法爲主要調整方向，尤以中央體制爲然，在尊重憲政精神下，除非原制度間扞格不入，酌予修正，不宜過大的任意改變，以免產生質變作用，形成藉修憲之名行制憲之實。胡佛認爲從憲法的法效理論來看，中國雖處於事實分裂狀態，但並未改變中華民國憲法對台灣地區政治結構的法效狀態，且在面對中共威脅，內部統獨之爭，以及民主化需求的三重壓力下，回歸憲法是最能接受的制度性安排，但是在中央民意代表的產生及地方自治的規範下，如不作妥當的修改，即會影響民主化的進展。②質言之，修憲工程應以回歸憲法爲主要方向，除中央民意代表的產生，地方自治的規範以及必要的調整外，變動不宜過大。

準此以觀三階段修憲的內涵，所謂經由各階段的「小幅修憲」，事實上已對中華民國現行憲法產生質變作用，亦即已非形式上修憲，而在實質上已有制憲的效應。張治安即指出：③

我國憲法有關中央政府體制之規定，原具有濃厚的內閣制色彩，行政院與立法院分別為國家最高行政與立法機關，行政院須向民選產生之立法院負責，至於國民大會平時只有選舉及罷免總統、副總統與修憲等權，並且六年才集會一次，這樣的設計與國父五權憲法與權能區分的理論顯然有所差異，但卻較符合西方代議制度之精神。二、三次修憲時，總統與國民大會一再相互擴權，尤其因總統於第三次修憲時已由人民直選產生，更使今後擴增總統之權力在理論上得以有所依據。這樣的變化，可能將對國民大會、總統、行政院院長及立法院之間的關係產生影響，亦將導致我國中央政府體制出現微妙的轉變。

歷經四年的三次修憲在中央體制的走向，顯然未順應臨時條款的廢止，迅即回歸中華民國現行憲法的設計中，由於總統與國民大會權力的擴大，破壞了原憲法的體制精神，對於憲政的成長與變遷造成了嚴重的損傷，也使修憲後反呈治絲益棼，這將影響我國民主憲政的發展，今後我國憲政體制所面臨的重大問題有那些？以及未來的因應態度與努力方向如何？這是以下所要探討的問題。

二、憲政改革後政府體制的問題

㈠國民大會的定位問題

1.中山先生的看法與主張

國民大會的職權與性質定位，從憲法起草階段已是爭論的焦點，其基本原因在於五權憲法與三權憲法的取向差異。欲全然瞭解修憲後國民大會的定位，與未來國民大會方向，宜先認識國民大會的生成變化。國民大會一詞的正式提出，乃孫中山先生於民國五年（一九一六年）七月十七日在上海尚賢堂對兩院議員演講「自治制度爲建設之礎石」中指出：「今則七

十萬人中，苟有七萬人贊成署名，可開國民會議。有人民卅五萬以上之贊成，即可成爲法律。」④又云：⑤

今假定民權以縣為單位……則至少可為三千縣。三千縣之民權，猶三千萬之石，礎堅則五十層之崇樓不難建立。……今此三千縣者，各舉一代表，此代表完全為國民代表，即用以開國民大會。

中山先生在三民主義的演講中，指出西方的民主政治制度，在三權分立的架構下，凸顯了代議政治的缺失，因之，對當時歐美的民主政治有所批評。⑥同時提出五權憲法的政治制度—以民主理念爲核心，以權能區分爲方法，以全民政治爲理想，規劃出一個從中央到地方，整體的政治制度。

在此政治制度中，明白揭示了中山先生實行民治的四項方略：(1)分縣自治。(2)全民政治。(以上兩者爲直接民權，由人民直接行於縣治)。(3)五權分立。(4)國民大會。(以上兩者爲間接民權，由代表而行之於中央政府)。亦即中山先生深知在廣土眾民的大國，要使全國國民均直接行使四項政權，有事實上的困難，於是國民大會的設置，便與地方自治的實施相互結合：⑦

(1)以縣爲地方自治單位，縣民對於縣自治人員應直接行使選舉、罷免權；對於縣自治法律應直接行使創制、複決權。

(2)每縣人民選舉代表組成國民大會，國民大會代表對於中央政府人員應直接行使選舉、罷免權；對於中央法律應直接行使創制、複決權。

依中山先生的設計，國民大會的職權，包括了：

(1)對中央政府人員之選舉、罷免權：建國大綱第廿四條：「憲法頒布之後，中央統治權則歸於國民大會行使之，即國民大會對於中央政府官員有選舉權，有罷免權。」⑧

(2)對中央法律之創制、複決權：建國大綱第廿四條：「憲法頒布之後，中央統治權則歸於國民大會行使之，即國民大會……對於中央法律有創制權、有複決權。」⑨

(3)對憲法之複決權：建國大綱第廿三條：「憲法草案……由立法院議訂。」建國大綱第廿三條：「開國民大會決定憲法而頒布之。」⑩

(4)對憲法之制定及修改：孫文學說第六章「知行總論」：「……組織國民大會，以制定五權憲法……國民大會職權，專司憲法之修改。」⑪

(5)彈劾失職人員：依孫文學說第六章「知行總論」：「……五院皆對國民大會負責。各院人員失職，由監察院向國民大會彈劾之；而監察人員失職，則國民大會自行彈劾罷黜之。國民大會職權，專司……及制裁公僕之失職。」⑫

從上述中山先生對國民大會的主張，尤其在正式列入「建國大綱」時，所謂「無形國大」之說，顯非中山先生原意，故有謂「不經意地提到『國民大會』四個字，不過是不經意的錯失而已。」⑬或謂「建國大綱第廿四條所謂『國民大會』自亦可做爲全國公民『總投票』解釋。」⑭凡此均有悖於中山先生本意甚明。

2.制憲前的發展

政府在民國廿五年公布經立法院歷時三年，稿經七易完成的五五憲草當中，四權具備，五五憲草中之國民大會職權有：⑴選舉總統副總統、立法院院長副院長、監察院院長副院長、立法委員、監察委員。⑵罷免總統副總統、立法司法考試監察各院院長副院長、立法委員、監察委員。⑶創制法律。⑷複決法律。⑸修改憲法。⑹憲法賦予之其他職權。

旋以次年七七事變爆發，五五憲草即被擱置。直到抗戰勝利，民國卅五年，重慶召開的政治協商會議中，完成了對五五憲草修改十二原則，其中有關國民大會職權如下：⑴全國選民行使四權，名之曰國民大會。⑵在未實施總統普選制以前，總統由省縣級與中央議會合組選舉機關選舉之。⑶總統之罷免，以選舉總統之同樣方式行使之。

政治協商會議的突然急轉彎，將國民大會形成「無形國大」，主因在於五權憲法與三權憲法取向的差異。正如對政治協商會議憲草修改最有力人士之民主社會黨張君勱即表示：⑮

中山先生為民國之創造人，其憲法要義自為吾人所當尊重，然民主國家憲法之根本要義，如人民監督政府之權，如政府對議會負責，即為各國通行之制，吾國自不能自外。

然而政治協商會議的原則，與五權憲法有了極大出入，斯時引起中山先生的信仰者強烈反應，彼等謂：⑯

修改原則十二條，處處均屬可議。總而言之，蓋由於摒棄了國父權能區分之原則不採，不知權能區分，乃為五權憲法之基本精神。由於權能分開，然後國民為委任人，為有權者，賢能為受任人，為有能人。庶乎委任責成制可以推行。若權能不分，則此精神全失，尚何五權憲法之可言哉。

3.制憲後的國民大會

現行中華民國憲法前身的政協憲草正是上述兩者—五五憲草、政治協商會議十二原則的辯證結果：國民大會仍回復爲有形組織，行使四權，但有形國會僅代表國民行使部分政權，國民仍保有部分選舉罷免之權，以無形大會方式直接行使，縣規章的創制複決也由人民直接行使，而以半數縣市已行使爲國大行使兩權的始期，另國大因特定原因而集會，閉會後即歸於無形，也不再有任何治權機關向政權機關負責的規定（係由行政院向立法院負責）。民國卅六年十二月廿五日開始實施的憲法，即以此定位國民大會職權，內容如下：（現行憲法第廿七條）

(1)選舉總統、副總統。
(2)罷免總統、副總統。
(3)修改憲法。
(4)複決立法院所提之憲法修正案。

另有關創制複決兩權，除前項第三第四兩款規定外，俟全國有半數之縣市曾經行使創制複決兩項政權時，由國民大會制定辦法並行使之。

4.歷次修憲的國民大會與未來發展

我國行憲以來，憲法至今（民國八十五年底），歷經八次修改，前五次爲動員戡亂時期臨時條款的增修，第六次爲民國八十年「程序修憲」，廢止臨時條款，同時完成之增修條文一至十條，第七次爲民國八十一年「實質修憲」，完成了增修條文十一條至十八條，第八次爲民國八十三年第三階段修憲，重新修正規併增修條文一至十條。整體而言，行憲以來國民大會職權隨著臨時條款的修改而增加，包括：對中央法律的創制複決（唯又將創制、複決案之召集權，賦予總統，故終止戡亂時期爲止，並未有總統召集國民大會討論創制、複決案），與閉會期間研討憲政的制度化，因此可說回復了若干「失去」的政權，然而此一國民大會職權的發展，到了民國七九年因學生集會與輿論強烈質疑有「擴權」傾向而暫時停止，故於次年（民國八十年）國大一屆二次臨時會增修憲法條文一至十條，僅規範二屆國代產生之法源依據，有關國民大會職權，皆不再保留臨時條款之規定，仍回歸憲法第廿七條第一項之內容。（憲法增修條文第六條），然而到民國八十一年二屆國代第一次臨時會通過的現行憲法增修條文第十一條至第十八條中，則再度大幅增加國大職權，包括了：同意權（憲法增修條文第十一條第一項，第十三條第一項，第十四條第二項，第十五條第二項）、聽取報告權（增修第十一條第三項）等內容。

到民國八十三年的第三階段修憲，國民大會職權之中，雖則總統、副總統確立改由中華民國自由地區全體人民直接選舉，不由國民大會選舉，但依據憲法增修條文第一條第三項規定，國民大會職權包括：⑴補選副總統。⑵提出總統、副總統罷免案。⑶議決監察院提出之總統、副總統彈劾案。⑷修改憲法。⑸複決立法院所提之憲法修正案。⑹對總統提名之司法院院長、副院長、大法官、考試院院長、副院長、考試委員、監察院院長、副院長、監察委員等，行使同意權。

除了國大職權的擴大，另有關國大集會方式的修改，增設國民大會議長之職，以及制定國大行使職權程序權，均使國大與原憲法條文規定相去甚遠。就集會言，原憲法設計國民大會集會分常會及臨時會兩種，常會每六年才集會一次（憲法第二九條），臨時會之召開則有嚴格之條件規定（憲法第三〇條），以避免國民大會成爲常設之組織。第三階段修憲已取消原憲法有關國民大會常會、臨時會之區別，依增修條文第一條第四項規定：「國民大會依前項第一款及第四款至第六款規定集會，或有國民大會代表五分之二以上請求召集會議時，由總統召集之；依前項第二款及第三款之規定集會時，由國民大會議長通告集會，國民大會設議長前，由立法院院長通告集會；不適用憲法第廿九條及第卅條之規定。」另增修條文第一條第五項亦規定國大至少一年集會一次：「國民大會集會時，得聽取總統國情報告，並檢討國是，提供建言，如一年內未集會，由總統召集會議爲之，不受憲法第三十條之限制。」就國大設議長言，依據原憲法規定，國大每六年才集會一次，因此並未有常設性議長一職，只是在開會時，才由出席國代互選主席團主席若干名主持會議。憲法增修條文第一條第八項規定：「國民大會自第三屆國民大會起設議長、副議長各一人，由國民大會代表互選之。議長對外代表國民大會，並於開會時主持議會。」設置議長，將使國民大會朝常設化發展邁進一步。就賦予國大自行制定行使職權程序之權而言，原憲法第卅四條規定，國大之組織、國大之選舉、罷免、及國大行使職權之程序，以法律定之。基本上，法律之制定是屬於立法院之職權，但第三階段修憲，增修條文第一條第九項規定：「國民大會行使職權之程序，由國民大會定之，不適用憲法第三十四條之規定。」此一規定，等於使國大擁有了有限的立法權。綜合而論，第三階段修憲已大幅擴張國大職能。

行憲以來，歷次修憲中有關國民大會職權的調整經歷凡五次。（如表八）現行中華民國憲法是在紛亂的環境中，極短的時間內各黨派代表，折衝妥協的產物。因之，中山先生當年提出有關國民大會的主張，表現在現行憲法中的乃是有其形而無其實，外形有五權憲法的架構，內容則較傾向內閣制的精神（亦非完全的內閣制）。民主政治本是容忍妥協的政治，尤以憲法的制定、修正更是政治角力的結果，不是學理的結晶。既然強調民主，就往往不可能獨尊一家，否定其他。從憲政發展角度言之，除非欽定憲法，幾乎沒有一部憲法的制定或修正不是在爭議中完成，亦幾乎沒有一部憲法的制定或修正完成後，能讓各界均感滿意的。誠如王寵惠在參與制憲國民大會，完成中華民國憲法後所言：「余亦知本憲法為各方所不盡滿意之憲法，然而正因其為各方所不盡滿意，故能為各方所接受。」⑰在當年制憲國代中，國民黨黨員擁有絕對多數，同時多為中山先生忠實信徒，尚且無法完全恢復五五憲草理想，現今欲完全走回五權憲法路上，有其事實的困難，且以守憲、行憲的角度而言，中華民國現行憲法的中央體制內容，除非窒礙難行，否則不宜也不應任意廢棄修改。

未來國民大會的定位如何呢？蘇永欽曾提出五個觀點作為評估選擇的基礎：⑴符合民意的程度。⑵政治效能的增減。⑶政治安定的影響。⑷體制內部的牽動。⑸體制變動的成本。⑱一個成熟的民主國家，其國民更須重視「憲政精神」（constitutionalism），力行憲法與容忍妥協是民主憲政的兩大基石。當戡亂時期終止，國內先後三次修憲，很明顯看出，並未能體現「憲政精神」，使真正回歸原憲法，實則在朝野政黨歧見極深，又缺乏共識下，應以最小變動為宜（如完成必要之中央民意代表法源依據），然而修憲的結果，卻不斷擴張國

表八　行憲後國民大會職權調整過程：

會別	時間	職權調整	說明
第一屆國大第三次大會	民國四九年三月	國民大會創制、複決兩權之行使，於國民大會第三次會議閉會，設置機構，研擬辦法。	第一次修正臨時條款。同年七月籌設國民大會憲政研討會。
第一屆國民大會第一次臨時會	民國五五年三月	第四項：動員戡亂時期，國民大會得制定辦法，創制中央法律原則與複決中央法律，不受憲法第二七條第二項之限制。 第六項：國民大會於會期間，設置研究機構，研討憲政有關問題。	第二次修訂臨時條款。
第一屆國民大會第二次臨時會	民國八〇年四月	增修第六條：國民大會為行使憲法第二七條第一項第三款之職權，應於第二屆國民大會代表選出後三個月內由總統召集臨時會。	廢止臨時條款，增訂修憲條文，兩權行使辦法及憲政研討會均未獲保留。
第二屆國大第	民國八十一年	增修第十一條：	另有設置議

一次臨時會

五月

第一項：國民大會之職權，除依憲法第二七條之規定外，並增修條文第十三條第一項、第十四條第二項及第十五條第二項之規定，對總統提名人員行使同意權。

第二項：前項同意權之行使，由總統召集國民大會臨時會為之，不受憲法第三十條之限制。

第三項：國民大會集會時，得聽取總統國情報告。並檢討國是，提供建議，如一年內未集會，由總統召集臨時會為之，不受憲法第三十條限制。

第四項：國民大會代表自第三屆國民大會代表起，每四年改選一次，不適用憲法第二八條第一項之規定。

增修第十二條：

第一項：總統、副總統由中華民國自由地區全體人民選舉之，自民國八十五年第九任總統、副總統選舉實施。

第二項：前項選舉方式，由總統於民國八十四年五月二十日前召集國民大會臨時會，以憲法增修條文定之。

第四項：總統、副總統之罷免依左列規定：

一、由國民大會代表提出之罷免案

長及審查立法院預算等修憲案在二讀會中擱置。

，經代表總額四分之一之提議，代表總額三分之二之同意，為通過。

二、由監察院提出之彈劾案，國民大會為罷免之議時，經代表總額三分之二之同意，即為通過。

第五項：副總統缺位時，總統於三個月內提名候選人，召集國民大會臨時會補選，繼任至原任期屆滿為止。

第六項：總統、副總統均缺位時，立法院院長於三個月內通告國民大會臨時會集會補選總統、副總統，繼任至原任期屆滿為止。

增修第十三條第一項：司法院設院長、副院長各一人，大法官若干人，由總統提名，經國民大會同意任命之，不適用憲法第七十九條之有關規定。

增修第十四條第二項：考試院設院長、副院長各一人，考試委員若干人，由總統提名，經國民大會同意任命之，不適用憲法第八十四條之規定。

增修第十五條第二項：監察院設監察委員二十九人，並以其中一人為院長，一人為副院長，

	第二屆國大第四次臨時會
	民國八三年七月
第五項： 長，任期六年，由總統提名，經國民大會同意任命之。憲法第九十一條至九十三條，增修條文第三條、第四條、第五條第三項有關監察委員之規定，停止適用。監察院對總統、副總統之彈劾案，須經全體監察委員三分之二以上之決議，向國民大會提出，不受憲法一百條之限制。	增修第一條第三項： 國民大會職權如左，不適用憲法第二十七條第一項第一款、第二款之規定： 一、依增修條文第二條第六項之規定，補選副總統。 二、依增修條文第二條第八項之規定，提出總統、副總統罷免案。 三、依增修條文第二條第九項之規定，議決監察院提出之總統、副總統彈劾案。 四、依憲法第二十七條第一項第三款及第一百七十四條第一款之規定，修改憲法。 五、依憲法第二十七條第一項第四款及第一百七十四條第二款之規定，複決立法院所提之憲法

修正案。

六、依增修條文第四條第一項、第五條第二項、第六條第二項之規定，對總統提名任命之人員，行使同意權。

第四項：國民大會依前項第一款及第四款至第六款規定集會，或有國民大會代表五分之一以上請求召集會議時，由總統召集之；依前項第二款及第三款之規定集會時，由國民大會議長通告集會，國民大會設議長前，由立法院院長通告集會；不適用憲法第二十九條及第三十條之規定。

第五項：國民大會集會時，得聽取總統國情報告，並檢討國是，提供建言，如一年內未集會，由總統召集會議之，不受憲法第三十條之限制。

第八項：國民大會自第三屆國民大會起設議長、副議長各一人，由國民大會代表互選之，議長對外代表國民大會，並於開會時主持會議。

第九項：國民大會行使職權之程序，由國民大會定之，不適用憲法第三十四條之規定。

資料來源：著者整理

民大會職能，將使現行憲法質變，同時更加深憲法的混亂程度，國大未來的定位仍處於相當不確定的狀態。蘇永欽並提出六種可能選擇（表九），依目前三次修憲分析，國大應比第三方案（政權局部機關化）強，比第一方案（政權機關化）弱。然則，為求憲政的可長可久，國民大會仍應以現行憲法為準，除運作難行者外，盡量減少變動，以確保憲政精神。

(二)總統權限的問題

總統的職權與選舉方式是二屆國代修憲的重要議題之一，這兩者之間引申出三項極具爭議性的憲政論戰：一是總統選舉方式與憲政體制之因果關係？二是總統選舉方式與憲政體制的修憲方向如何？三是我國中央政府體制的定位究是內閣制？總統制？半總統制？五院制？抑或其他？前述三項重要議題普受朝野、社會各界的關注和討論，唯迄未能達多方共識的境界。本文以下除將第三項中央體制問題留待下一子題單獨討論，擬就前兩項與總統直接有關的部分先行論述。

總統選舉方式與憲政體制之間的主從關係約有三種主張：一是認為應先決定總統選舉方式，才能確立體制，亦即如果實施總統直選則傾向總統制，實施總統委選則傾向內閣制。⑲二是認為應先確立體制才可決定總統選舉方式，亦即如果採總統制則使用總統直選，採取內閣制則無需總統直選。⑳三是認為總統選舉方式與憲政體制之間並無直接關聯，例如奧地利、冰島、愛爾蘭等國均為內閣制，但採取總統直選；法國第五共和、芬蘭均為雙行政首長制（或稱半總統制），法國採總統直選，芬蘭則採直接與間接的混合選舉方式。㉑前述指陳各

表九　未來國大重新定位的可能選擇

理念取向	方案	特色	典型
I維持權能區分	一、政權機關化	國民所有政權均委由國大行使，僅保留對國大代表的選舉罷免權	五五憲草中的國民大會
	二、還政（權）於民	國民行使四權，不另設政權機關，但創制、複決兩權行使採漸進方式	瑞士、奧地利的直接民主制
	三、政權局部機關化	國民部分政權委由國大行使，部分保留	現行憲法中的國民大會
II放棄權能區分	四、治權機關化	國大成爲另一個普通立法機關，國民僅有選舉權	美國的參議院
	五、名存實廢	國大僅爲立法委員及省市議員組成的選舉人團，國民僅有選舉權	德國的「聯邦大會」
	六、名實皆廢	廢除國民大會，國民僅有選舉權	多數民主國家

資料來源：蘇永欽，「國民大會的定位問題」，中山社會科學季刊，第七卷，第二期，民國八十一年六月，頁三。

有所據，唯實就民主國家在思考總統選舉方式，多先規範總統擁有權力與地位，再決定總統選舉方式，而非先決定總統選舉方式，再決定採何種體制。㉒當觸及我國總統選舉方式、總統職權與憲政體制的修憲方向時，如欲窺得全貌，宜從歷史與法制途徑，進行分析，同時整體探討制度實際運作與法條層面。

1.中山先生的看法與主張

孫中山先生對於總統選舉的主張，是在民國前七年革命方略「同盟會軍政府宣言」：「今者由平民革命，以建國民政府，凡爲國民皆平等以有參政權，大總統由國民公舉。」㉓即是主張由國民共舉。民國五年在「自治制度爲建設之礎石」的演講中提到：「今假定民權以縣爲單位，令此三千縣者，各舉一代表；此代表完全爲國民代表，即用以開國民大會，得選舉大總統。」㉔此時中山先生的主張改由國民大會選舉。民國十二年「中國革命史」提及：「憲法制定之後，由各縣人民投票選舉總統，以組織行政院。」㉕主張由各縣人民選舉。中山先生最後在民國十三年「建國大綱」第廿七條規定，國民大會對於中央政府官員有選舉權。㉖總統自應包括在內。

中山先生對總統職權的看法，總統乃是位居五院之上、與行政院院長分層負責以及協調五院的關係。就總統位居五院之上言，中山先生在「五權憲法」講演中，揭示的「治國機關圖」，規定國民大會之下爲政府，政府包含行政、立法、司法、考試、監察五院，五院間地位平等，均爲構成政府部門之一，只有五院之上的總統具有代表政府的地位。『建國大綱』第廿一條規定：「憲法未頒布之前，各院院長皆歸總統任免而督率之。」雖然此一規定是對憲法頒布之前而言，但總統地位居於五院之上，應可確定。總統與行政院關係密切，中山先生在「中國革命史」中所言：「選舉總統以組織行政院。」另在「五權憲法」中言及：「行政首領就是大總統」，「在行政人員一方面，另外立一個執行政務的大總統。」即可證明兩者關係的密切。

2.制憲前的發展

民國廿五年由國民政府所公布的中華民國憲法草案（五五憲草），其中有關總統的產生規定：「中華民國國民滿四十歲者得被選為總統、副總統」（第四七條），「總統副總統之選舉以法律定之」（第四八條），「總統副總統之任期均為六年，連選得連任一次。」（第四九條）再依第三二條之規定，國民大會的職權包括選舉總統副總統、立法院院長副院長、監察院院長副院長、立法委員、監察委員，以及罷免總統副總統、立法司法考試監察各院院長副院長、立法委員、監察委員。亦即依照五五憲草是規定總統由國民大會選舉產生。

五五憲草中的總統職權，不僅有元首權，更有行政實權。就元首權而言，總統為國家元首對外代表中華民國。（第三六條）依法公布法律發布命令並須經關係院院長之副署。（第三八條）依法行使宣戰媾和及締結條約之權。（第三九條）依法宣布戒嚴解嚴（第四〇條）依法行使大赦特赦減刑復權之權（第四一條）依法授與榮典。（第四三條）就行政實權而言，包括：任免行政院院長、副院長、政務委員（第五六條）行政院各部部長、各委員會委員長由總統於政務委員中任命。（第五八條）行政院院長、副院長、政務委員。各部部長、各委員會委員長各對總統負其責任（第五九條）總統統率全國陸海空軍（第三七條）緊急命令權（第四四條）總統得召集五院院長會商關於二院以上事項及總統諮詢事項。（第四五條）總統對國民大會負其責任。（第四六條）從五五憲草設計中可看出，總統不但是國家元首，同時也具有行政首長的角色，總統是實權總統，行政院長爲其幕僚長。

3.制憲完成後的總統

中華民國現行憲法中有關總統之產生方式，仍採用中山先生最後在「建國大綱」以及國民政府公布的「五五憲草」之規定，由國民大會選舉。憲法第廿七條規定，國民大會職權包括選舉總統、副總統、罷免總統、副總統。另憲法第四五條規定，中華民國年滿四十歲者，得被選爲總統、副總統。憲法四七條規定，總統、副總統任期六年，連選得連任一次。亦即依據中華民國憲法，先由人民選舉國大代表，再由國大代表選舉總統。

就總統的職權來探討其地位則可發現，中華民國憲法所規定的總統職權雖包括國家元首權與行政上的實權兩者，但在憲法列舉的第三十五條至四十四條，共計十條中，屬於國家元首權，或必須建築在行政院會議的決議與行政院長副署兩個基礎上，始得行使者，達九條之多；即第三五條：「總統爲國家元首，對外代表中華民國。」第三七條：「總統依法公布法律、發布命令，須經行政院院長之副署，或行政院院長及有關部會首長之副署。」第三八條：「總統依本憲法之規定，行使締結條約及宣戰媾和之權。」第三九條：「總統依法宣布戒嚴，但須經立法院之通過或追認，立法院認爲必要時，得決議移請總統解嚴。」第四○條：「總統依法行使大赦、特赦、減刑及復權之權。」第四一條：「總統依法任免文武官員。」第四二條：「總統依法授與榮典。」第四三條：「國家遇有天然災害、癘疫，或國家財政經濟上有重大變故，須爲急速處分時，總統於立法院休會期間，得經行政院會議之決議，依緊急命令法、發布緊急命令，爲必要之處置。但須於發布命令後一個月內，提交立法院追認，如立法院不同意時，該緊急命令立即失效。」第五十七條第三項之覆議核可權。

除前述九條外，中華民國憲法中所規定總統之實權僅有兩條；第三六條：「總統統率全國陸海空軍。」；第四四條：「總統對於院與院間之爭執，除本憲法有規定者外，得召集有關各院院長會商解決之。」另觀之憲法第五三條規定：「行政院爲國家最高行政機關。」而行政院長爲此最高行政機關之首長。綜合而論，中華民國憲法中的總統職權，雖非全然國家元首權，亦有部分實權，但實權有限，加以行政院爲國家最高行政機關，行政院對立法院負責，因之，總統與行政院長之關係，可謂「總統統而不治，行政院長治而不統。」至於行憲以來，實際上的總統似乎權力甚大，基本上來自兩個方面，一是歷任總統均爲執政的國民黨主席（或總裁）；二是動員戡亂時期臨時條款所授權。如果除去這兩項因素，純就中華民國憲法第四章「總統」之規範，中華民國總統的憲政地位，絕非總統制，亦未達到雙行政首長制的標準。

4.歷次修憲的總統與未來發展

我國行憲以來，憲法至民國八十五年底爲止，共計經過八次修憲（其中前五次爲臨時條款的增修，後三次爲廢止臨時條款後的第一、第二、第三階段修憲），各次修憲中都不斷擴張總統職權。（如表十），就戡亂時期而言，臨時條款所賦予總統之權包括：緊急處分權、連選得連任，不受憲法第四十七條連任一次之限制、設置動員戡亂機構，決定有關大政方針，並處理戰地政務、得調整中央政府之行政機構及人事機構、訂頒辦法充實中央民意代表機構等。前述規定均賦予總統以相當實權，就總統根據臨時條款第四項規定所設置「動員戡亂時期國家安全會議」，可決定動員戡亂大政方針。國家安全會議由總統擔任主席，下列事項均由國家安全會議決議，經總統核定交主管機關實施：(1)動員戡亂有關大政方針。(2)國防重大政策。(3)國家建設計劃綱要。(4)國家總動員之決策與督導。(5)戰地政務及其他有關動員戡亂之重要決策等等。另外總統並可訂頒辦法，辦理中央公職人員選舉及調整中央政府行政機構、人事機構，行使這些職權所發布的命令，不必行政院長及有關部會首長的副署。因此總統所頒布的「國家安全會議組織綱要」、「行政院人事行政局組織規程」、「增加中央民意代表名額選舉辦法」，均未經行政院副署，即行生效。㉗總之，在戡亂時期，臨時條款的運作下，國家決策的功能，已經由行政院轉移到「以總統為軸心的國家安全會議」之手，而行政院長只不過是構成國家安全會議的一個成員而已。㉘

隨著戡亂時期的終止，臨時條款在廢止後，理應回歸中華民國憲法的體制，尤以從行憲、守憲的角度言，這是避免紛擾，重回軌道的重要關鍵，然而不幸的是，國民黨主導的二屆國代三次修憲中，捨此之途，不僅再次增加總統職權，混淆了中央體制，且這一未有相對制衡的設計，缺乏權責平衡原則，開啓未來憲政發展不確定性的困擾。

中華民國憲法中原本傾向於內閣制的設計，經過三階段修憲，由於總統職權的增加，而有傾向於總統制或雙行政首長制的發展，這種實質上已有制憲的效應，勢將危及憲法的根本。從憲法增修條文有關總統部分，分析其危及憲法精神，舉其大者言之有三：

⑴規定總統得設國家安全會議及所屬國家安全局：這兩個戡亂時期非常體制產物的就地合法，衍生出總統與行政院長既存關係的遭到破壞；未來國安會組織法，無論將國安會定位爲決策機構或諮詢機構，但以總統擔任主席，行政院長爲「第二副主席」，將破壞憲法上最高行政決策權的規定，而這個「太上行政院」將造成有責者（行政院長）無權，有權者（總統）無責（其毋需向立法院負責）。再從另一個角度看增修條文中所謂「總統爲決定國家安全有關大政方針，得設國家安全會議及所屬國家安全局，其組織以法律定之。」何謂「國家安全」？又何謂「有關大政方針」？這等於給總統職權開了一張空白的權力支票，更加模糊了總統與行政院長的關係。這三次修憲所做的不是「回歸憲法」，而是「回歸臨時條款」。

⑵總統在五院中擁有四院的人事提名權：原憲法中僅規定行政院長由總統提名，經立法院同意任命。而憲法增修條文第四、五、六條又將司法院院長、副院長、大法官、考試院院長、副院長、考試委員、監察院院長、副院長、監察委員等，由總統提名，經國民大會同意任命之。這項人事提名權更擴大總統的政治籌碼。但監察院賦有對總統彈劾之權責，今以總統提名之監委來彈劾總統，顯非至當。另外考試院、司法院宜應摒除人情之嫌，其由總統來提名，總統提名絕非陌路之人，公平性反受質疑，實則司法、考試、監察三院應由中央民意機關直接就符合相關資格者加倍提名並選舉產生之。增修條文之擴大總統人事提名權的規定，亦大幅增加了總統職權。

⑶總統由人民直接選舉產生，使今後總統權力的擴增在理論上有所依據：原憲法中，以中央體制較傾向於內閣制的設計型態，總統由國民大會選舉產生，亦頗符法理，且由國民大

會間接選舉產生，亦是民主制度之一。今以總統由人民直接選舉，則其擁有直接民意基礎，使一股銳不可當的民粹政治空間更形擴張，亦使總統權力的擴張具有理論的準據，可由此發展出有實權總統的條件，牽動憲法的中央體制朝向總統制或雙行政首長制發展。

綜合而論，總統職權在三階段修憲中擴大，加上第九任總統起由人民直接選舉產生，逐

表十　行憲後總統職權調整過程表

會期	時間	職權調整	備考
第一屆國大第一次大會	民國三十七年五月十日	總統在動員戡亂時期，爲避免國家或人民遭遇緊急危難，或應付財政經濟上重大變故，得經行政院會議之決議，爲緊急處分，不受憲法第三十九條或第四十三條所規定程序之限制。前項緊急處分，立法院得依憲法第五十七條第一款規定之程序變更，或廢止之。動員戡亂時期之終止，由總統宣告，或由立法院咨請總統宣告之。	臨時條款初次制定
第一屆國大第三次大會	民國四十九年三月十一日	第三條：動員戡亂時期總統、副總統得連選連任，不受憲法第四十七條連任一次之限制。	第一次修正臨時條款
第一屆國大第一次臨時會	民國五十五年二月七日	第八條：在動員戡亂時期，總統對於創制案或複決案認爲有必要時，得召集國民大會臨時會討論之。	第二次修正臨時條款

第一屆國大第四次大會	民國五十五年三月十九日	第四條：動員戡亂時期，本憲政體制，授權總統得設置動員戡亂機構，決定動員戡亂有關大政方針，並處理戰地政務。 第五條：總統為適應動員戡亂需要，得調整中央政府之行政機構，人事機構及其組織。	第三次修正臨時條款
第一屆國大第五次大會	民國六十一年三月十七日	第六條：動員戡亂時期，總統得依下列規定，訂頒辦法，充實中央民意代表機構，不受憲法第二十六條、第六十四條及第九十一條之限制： 一、自由地區增加中央民意代表名額，定期選舉，其須由僑居國外國民選出之立法委員及監察委員，事實上不能辦理選舉者，得由總統訂定辦法遴選之。 二、第一屆中央民意代表，係經全國人民選舉所產生，依法行使職權，其增選補選者，亦同。大陸光復地區次第辦理中央民意代表之選舉。 三、增加名額選出之中央民意代表，與第一屆中央民意代表，依法行使職權。增加名額選出之國民大會代表，每六年改選，立法委員每三年改選，監察委	第四次修正臨時條款

			員每六年改選。
第一屆國大第二次臨時會	民國八〇年四月廿二日	增修第七條：總統為避免國家或人民遭遇緊急危難或應付財政經濟上重大變故，得經行政院會議之決議發布緊急命令，為必要之處置，不受憲法第四十三條之限制。但須於發布命令後十日內提交立法院追認，如立法院不同意時，該緊急命令立即失效。 增修第九條：總統為決定國家安全有關大政方針，得設國家安全會議及所屬國家安全局。行政院得設人事行政局。	第一階段修憲
第二屆國大第一次臨時會	民國八十一年五月廿七日	增修第十二條：總統副總統由中華民國自由地區全體人民選舉之，自中華民國八十五年第九任總統副總統選舉實施。前項選舉之方式，由總統於中華民國八十四年五月廿日前召集國民大會臨時會，以憲法增修條文定之。總統、副總統之任期，自第九任總統、副總統起為四年，連選得連任一次，不適用憲法第四十七條之規定。 一、由國民大會代表提出之罷免	第二階段修憲

		二、案，經代表總額四分之一之提議，代表總額三分之二之同意，即為通過。由監察院提出之彈劾案，國民大會為罷免之決議時，經代表總額三分之二之同意，即為通過。（以下略） 增修第十三條： 第一項：司法院設院長、副院長各一人，大法官若干人，由總統提名，經國民大會同意任命之，不適用憲法第七十九條之規定。 增修第十四條： 第二項：考試院設院長、副院長各一人，考試委員若干人，由總統提名，經國民大會同意任命之，不適用憲法第八十四條之規定。 增修第十五條： 第二項：監察院設監察委員二十九人，並以其中一人為院長、一人為副院長，任期六年，由總統提名，經國民大會同意任命之，憲法第九十一條至第九十三條，增修條文第三條，及第四條、第五條第三項有關監察委員之規定，停止適用。	
第二屆國大第四次臨時會	民國八十三年七月廿八日	增修第二條： 第一項：總統、副總統由中華民國自由地區	第三階段修憲

全體人民直接選舉之，自中華民國八十五年第九任總統、副總統選舉實施。總統、副總統候選人應聯名登記，在選票上同列一組圈選，以得票最多之一組為當選。在國外之中華民國自由地區人民返國行使選舉權，以法律定之。

第二項：總統發布依憲法經國民大會或立法院同意任命人員之任免命令，無須行政院長副署，不適用憲法第三十七條之規定；行政院長之免職命令，須新提名之行政院院長經立法院同意後生效。

第三項：總統為避免國家或人民遭遇緊急危難或應付財政經濟上重大變故，得經行政院會議之決議發布緊急命令，為必要之處置，不受憲法第四十三條之限制。但須於發布命令後十日內提交立法院追認，如立法院不同意時，該緊急命令立即失效。

第四項：總統為決定國家安全有關大政方針，得設國家安全會議及所屬國家安全局，其組織以法律定之。

第五項：總統、副總統之任期，自第九任總統、副總統起為四年，連選得連任一次，不適用憲法第四十七條之規定。

第八項：總統、副總統之罷免案，須經國民

大會代表總額四分之一之提議，三分之二之同意後提出，並經中華民國自由地區選舉人總額過半數之投票，有效票過半數同意罷免時，即為通過。

第九項：

監察院向國民大會提出之總統、副總統彈劾案，經國民大會代表總額三分之二同意時，被彈劾人應即解職。

增修第四條第一項：

司法院設院長、副院長各一人，大法官若干人，由總統提名，經國民大會同意任命之，不適用憲法第七十九條之有關規定。

增修第五條第一項：

考試院設院長、副院長各一人，考試委員若干人，由總統提名，經國民大會同意任命之，不適用憲法第八十四條之規定。

增修第六條第一項：

監察院設監察委員二十九人，並以其中一人為院長、一人為副院長，任期六年，由總統提名，經國民大會同意任命之，憲法第九十一條至第九十三條之規定停止適用。

資料來源：著者整理

漸使得總統和行政院長憲政分際顯現不明確，並使中央體制出現變化，這種趨勢對憲政發展而言，將增添不確定性和更大的爭議。如從法理而言，三個階段的修憲所顯示的，是以修憲之名行制憲之實，這將使未來我國憲政之路更爲困擾難行。

㈢中央體制的問題

英國憲法學者費爾（Wheare）曾舉出世上有七部原創性（original）憲法，一是英國之議會政治憲法，創行政、立法合一而又相互依賴之憲法模式；二是美國之總統制憲法，創三權分立之憲政制度；三是法國之一七九三年憲法，開創了國民議會（National Assembly）；四是比利時之一八三一年憲法，將君主政治之原則與人民主權之原則加以調和；五是蘇聯一九一八年至一九二四年之憲法，創立了「蘇維埃」式的政制；六是波蘭於一九三五年左右之皮蘇基憲法，將新總統制政體制度化，七是一九四七年之中華民國憲法，將政府權力分配於中央五院，創立了五權分立之憲法模式。㉙

中華民國憲法是經過政治協商會議與制憲國民大會，在各個黨派、社會賢達（無黨無派人士）不斷的讓步妥協而制定完成了中央政府體制。基本上，它是五權憲法與英美政制的混合制，它保留了國父中山先生的五權憲法架構，在中華民國憲法中的五院與總統、國民大會均列有專章；然而卻具有內閣制的部分色彩，另外總統亦有若干實權，對於這種混合的中央體制，自然地被廣泛討論，並引起類型歸屬的爭論。

這些中華民國憲法上爭議未決的中央體制問題，卻隨著民國八十年、八十一年、八十三年的三次修改憲法，將中央體制趨於更加複雜難解。無論中華民國憲法，乃至歷次修憲，大多數的爭論都牽涉到總統、國民大會、行政院、立法院之間的四角關係，而且大多是由於未能清楚區分「總統制」和「內閣制」之間的差異所引起。㉚如果要能更清楚釐清中華民國憲法的中央政制問題，在動員戡亂時期終止，廢止臨時條款的同時，應該迅即回歸原憲法精神，除非其中扞格不入或窒礙難行，才予以必要修正，這是行憲、守憲與尊重憲法的根本，可惜三個階段的修憲捨此之途，任意擴張總統與國民大會職權，造成總統與行政院長、國民大會與立法院的更形複雜。現在茲就中華民國中央體制之各種主張與爭論予以評析，使能掌握我國憲法中央體制原貌、精神，並進一步論述三個階段修憲對中華民國憲法的影響。

1.主張內閣制的理由與爭議

李鴻禧認爲我國是內閣制國家，其因內閣制有三個特點：⑴不管是皇帝或總統都是虛位，行政院長真正掌大權。⑵行政院長不管是由皇帝或總統提名，均屬形式，最重要的是國會的同意任命。⑶總統或皇帝公布法律，須由行政院長或有關部會首長副署。加以臨時條款雖規定總統有緊急處分權，但仍須由行政院會議提出，立法院事後如認爲不妥，仍得依憲法第五十七條第二款之規定變更或廢止之，故而認爲我們仍是內閣制國家。㉛

薩孟武則以我國政制接近於內閣制，此因總統職權固然不少，但總統行使職權須有行政院長副署，一切重要法案無不由行政院會議議決。行政院院長雖由總統提名，但須徵求立法院同意，且行政院又不對總統負責，由此可以證明我國總統乃有似內閣制的總統。㉜復次，行政院對立法院負責，而總統發布命令又須經行政院長及相關部會首長之副署，副署乃表示同意及負責，如是則總統在政治上應無責任。無責任則爲虛位元首，虛位元首爲內閣制的一項特徵。㉝

中華民國憲法雖然部分精神頗似內閣制，但顯亦非完全內閣制，參與民國卅五年政協會議後之政協憲草（即制憲國民大會據以完成中華民國憲法的憲草）起草的民社黨黨魁張君勱，對於中華民國憲法第五十七條第二、三款規定，有如下說明：「1.我們沒有採用英國式的責任內閣制，各部部長同時須爲國會議員。2.我們沒有要求行政院須負聯帶責任。3.我們放棄了國會立即倒閣之不信任投票制度。4.按照前文兩條（按即憲法第五十七條二三兩款）之規定，所謂移請變更政策之決議或立法院通過之法律案，總統均有交覆議權。明白點說，如交覆議之際，達不到出席委員三分之二之人數，則變更政府之決議案或法律案，並不引起倒閣風潮。」㉞此外，憲法中亦未有內閣制中解散國會之規定。張君勱認爲：「此種內閣制決非英式之內閣制，而是一種修正式之內閣制。」㉟

馬起華並列舉十點說明憲法中央體制並非純粹內閣制：(1)總統並非虛位元首。(2)外造政黨制。(3)行政首長與立法委員不能互兼。(4)非集體責任制。(5)無不信任制。(6)行政院不能解散立法院。(7)立法院職權與內閣制下的國會職權有異。(8)行政院的產生與內閣首長的產生方式不同。(9)國民大會爲內閣制所無。(10)行政院不是唯一的決策機關。㊱

2.主張總統制的理由與爭議

國父中山先生哲嗣孫科參與中華民國憲法草案起草工作，其於民國卅五年十一月廿八日

向制憲國民大會報告憲草：㊲

第五章行政，這一部份修改的比較重要，本案有兩大修正，一是行政院長的任命，須經立法院的同意，一是行政院依照某種規定對立法院負責，也就是立法院變成一個最高的決策機關。因為立法與政策，是離不開的，如行政院要發動某一新政策，一定要經過立法院同意，纔能夠去執行，假使立法院不同意，可請行政院變更，行政院也可仍經總統之核可，移請立法院覆議，若移交立法院覆議，有立法委員三分之二人數維持原草案時，行政院應接受立法院的決議，行政院若不肯執行此種決議時，行政院長即須辭職。其次，立法院可以自動制定法律案，這種法律案的通過後，如果行政院長認為窒礙難行，可經總統核可交立法院覆議，覆議經立法委員三分之二維持原案時，行政院院長祇有接受或辭職。為什麼有這種規定，為的是要免去總統與立法院間發生直接的衝突。在五五憲草內行政院長不對立法院負責的，同時總統亦不對立法院負責。總統若提出一個法律案，立法院不贊成，經過覆議，仍通不過，或者有修正變更，則立法院即直接與總統衝突。遇到這種場合，原規定是要召集國民大會，或者等到國民大會開會時再來解決，這次憲草審議時，覺得召開國民大會手續繁重，故改用此種補救辦法。總統的責任由行政院長代為擔負，立法院通不過時，行政院長可以立刻下來，由總統另提人選。這種方法，可以減輕總統的責任，亦免得總統受政潮的影響。很多人懷疑這樣的修正，是不是行政院變成責任內閣制，立法院變成英國或者過去法國的議會呢？根據條文意義來講，行政院長是有條件的對立法院負責，還不能稱為責任內閣制。因為完全的責任內閣制，行政院各部會首長是應由議員來充當的。在英國及過去的法國都是這樣，議會裡面隨時可以舉行不信任投票，行政院長及行政院各部會首長是應由議員來充當的。在英國及過去的法國都是這樣，議會裡面隨時可以舉行不信任投票，行政院長及行政院各部會首長，非但不以立法委員來充當，而且立法委員亦不得兼任官吏，所以這一點與內閣制是很大的區別。同時行政院仍受總統指揮，也可以說這個制度是一種修正的總統制。

然則，依中華民國憲法條文規定，並未列出如孫科所謂「行政院長受總統指揮」，憲法第五十五條規定行政院長由總統提名，經立法院同意任命之。惟在實際政黨政治運作下，總統所選擇行政院長人選，必須考量的首要因素爲立法院多數黨誰屬？絕非總統個人自由意志所能完全決定，否則必不易爲立法院通過。尤當總統與立法院多數黨不屬同一政黨時，更爲明顯。而依憲法中的總統、行政院長職權規定，行政院長的行政實權多於總統的行政實權（總統除去國家元首權及須經行政院決議者外，其行政實權僅有一項：院際爭執之調和權），過去長時間以來總統所以擁有較大權力，一則歷來總統同時是執政國民黨的總裁、主席，再則臨時條款賦予總統超過原憲法更大的職權。若當總統與行政院長分屬不同政黨時，更可以明顯看出總統並無指揮行政院長之權責。綜合而論，總統的行政實權不多，憲法並且以行政院爲國家最高行政機關（憲法第五十三條），行政院對立法院負責（憲法第五十七條）等等規定，可確認我國憲法中央體制距美國總統制或法國第五共和之半總統制（或稱雙行政首長制）差別甚遠，若將中華民國憲法體制歸之於總統制、半總統制或傾向於總統制均非屬允當。

3.主張五權憲法制的理由與爭議

五權憲法究屬於何種政制？林桂圃認爲：「我們的簡單明瞭的答案，便是屬於與衆不同的五院制。」㊳馬起華則根據如下各項事實，認爲我國可稱「五權憲法制」，設立五院以行使五權：㊴

(1)孫文學說：「以五院制爲中央政府，一曰行政院，二曰立法院，三曰司法院，四曰考試院，五曰監察院。」

(2)建國大綱第十九條規定：「在憲政開始時期，中央政府當完成設立五院，試行五權之制。其序列如下：曰行政院，曰立法院，曰司法院，曰考試院，曰監察院。」

(3)自民國二十年起至行憲前止，中央政府一直設立五院，列序與(2)同。

(4)五五憲草及歷次憲草修正案，均規定中央政府設立五院。

(5)中華民國憲法於中央政制，雖不盡合於五權憲法及五五憲草，但設立相同序列的五院，則無二致。憲法規定五院皆爲「最高」，分別行使五權，這是其他國家的政制所沒有的。

(6)大法官會議釋字第一七五號解釋有謂「五權分治，彼此相維之憲政體制。」

(7)大法官會議釋字第三號解釋：「我憲法依據孫中山先生創立中華民國之遺教而制定，載在前言。依憲法第五十三條（行政）、第六十二條（立法）、第七十七條（司法）、第八十二條（考試）、第九十條（監察）等規定，建置五院。本憲法原始賦予之職權，各於所掌範圍內爲國家最高機關，獨立行使職權，相互平等，應無軒輊。」

(8)五權憲法制的六項特徵—權能區分、全民政治、五權分立、國民大會、均權制度、分縣自治，均在現行憲法中有所規定。

馬起華亦指出稱五權憲法制的缺點，在於這一名稱未能完全凸顯總統、行政院、立法院（元首、內閣、國會爲內閣制的三環）及其關係，俾與內閣制作顯明的對比。㊵此外，無論稱五院制或五權憲法制仍有其盲點，就五院制的稱法而言，我國憲法中央體制架構除五院外，尚包含總統、國民大會；國民大會代表全國國民行使政權，總統爲國家元首，具有部分實權，以五院制稱我國憲法體制，不僅遺漏國民大會、總統，而且不足以顯示國民大會、總統與五院之間的互動關係，而上述中央機構的互動正是中華民國憲法真正精神所在，故稱五院制是不夠周延完整的。

就五權憲法制而言，雖則中華民國憲法在架構上，仍維持國父中山先生五權憲法的外貌，亦即在憲法中的國民大會（第三章、第廿五條至卅四條）、總統（第四章，第卅五條至五二條）、行政（第五章，第五三條至六一條）、立法（第六章，第六二條至七六條）、司法（第七章，第七七條至八二條）、考試（第八章，第八二條至八九條），監察（第九章，第九〇條至一〇六條）等，均列有專章，但其精神已非國父遺教或五五憲草的五權憲法內涵。在評析一個憲法體制的類型，固然須看其外型，但更須注意其運作的實際精神所在，我國憲法就其精神而言，已非國父五權憲法的原來意涵，故稱五權憲法制有名實不符之虞。

4.我國憲法的體制與三階段修憲的變化

上文中，分別就我國憲法之中央體制的各種主要看法，其支持與質疑部分提出說明。因各種主張均有其理由，故似仍難有普遍性的交集出現。尤以我國憲法究竟是否爲內閣制或總統制？抑或如何解釋？實應清楚定位，否則對我國憲政之發展將無法正本清源，三個階段修憲的無法尊重憲法原設計，實質上已偏離了原憲法精神，亦都肇因於此。

薩孟武在論述內閣制與總統制的區別標準有二，第一是行政權的歸屬及其組織，第二爲行政權與立法權的關係：㊶

⑴在內閣制：①行政權屬於內閣，內閣乃獨立於元首之外，由國務總理（首相）及國務員組織之。②行政一方與立法權結合，他方又與立法權互相對抗。

⑵在總統制：①行政權屬於元首，各部首長只是元首的屬官。②行政權一方面與立法權分離，他方又與立法權互相牽制。

民主國家的政體，雖以採取總統制與內閣制較多，採取總統制者五十二國，其中亞洲九國、歐洲六國、美洲十九國、非洲十七國、共產國家一國。採行內閣制的國家四十四國，其中亞洲十五國、歐洲十六國、美洲三國、非洲八國、澳洲二國。然則沒有一個完全相同的，其中內閣制具總統制者有之，總統制略含內閣制色彩者亦有之。㊷若予以捨小異而取大同，薩孟武就內閣制、總統制前述兩項標準，舉出彼此特徵如次：㊸

以內閣制而言，⑴行政權的歸屬及其組織：信任制度、副署制度、負責制度，三位一體而爲內閣制的特徵。①信任制度—內閣由總理（首相）與國務員組織之，總理由元首任命。但此任命權乃以議會的信任爲條件，其人選爲議會多數黨黨魁。②副署制度—各種政策由內閣會議決定，開會時以總理爲主席，元首無出席討論之權。唯內閣對外執行政策時，仍需假元首的名義，但由總理副署，副署表負責之意。③負責制度—內閣對議會，尤其是第一院（

下議院、平民院）負責，議會督促內閣負責的方法有質詢、審查、預算表決、信任投票等方式。

⑵就行政權與立法權的關係，內閣制一方使用行政權與立法權結合，他方使行政權與立法權互相對抗。前者表現在①國務總理及國務員常由議員兼之。②內閣成員必須出席議會說明政策及接受質詢。③內閣得提出各種議案於議會。後者則表現在議會有不信任投票權，內閣有解散國會權。

以總統制而言，⑴行政權的歸屬及其組織：①國務員由總統任免之。②一切政策均由總統個人決定。⑶國務員對總統負責，不對議會負責。

⑵就行政權與立法權關係，一方使行政權與立法權分立，他方又令行政權與立法權互相牽制。前者表現在①總統與國務員不得兼任國會兩院議員，總統與議員分別由人民選舉產生，各對人民負責。②國務員不得列席國會任何一院，報告政務或接受質詢。③總統不得提出議案於國會，政府提案須透過同黨籍國會議員代爲提出。後者則表現在：①議會雖無不信任投票，但可利用立法權尤其是預算議決權，牽制政府。②總統固然沒有解散議會之權，但在立法上可利用覆議之否決權（veto power）以牽制議會。

綜合前述內閣制、總統制的特徵及其精神，我們憲法的中央體制既非完全的內閣制，亦非完全的總統制。而是屬於五權憲法架構下的混合制。㊹這一混合制的精神，則較傾向於內閣制。我國憲法雖保留五權憲法架構，但並未符合國父中山先生五權憲法的精義，故非完全的五權憲法制；我國憲法除五院外，尚包括國民大會、總統，故以五院制稱之亦不周延；另外，憲法中的總統職權雖有部分實權，已如上述，但距離總統制、半總統制，或傾向於總統制甚遠；從憲法中規定，行政院、立法院分別爲國家最高行政機關與立法機關（第五十三條、第六十二條），行政院長須經立法院同意任命（第五十五條），且行政院對立法院負責（規第五十七條），以及副署制度（第三十七條）等，都是內閣制重要精神，唯我國憲法中並未定行政院長及部會首長由立法委員兼任，相反的，規定立法委員不得兼任官吏（第七十五條），且我國並無立法院不信任投票，內閣亦無解散國會權，加以總統擁有部分實權，這些都是不符合內閣制的重大部分，因而我國並非完全內閣制，僅可謂之較傾向於內閣制。質言之，我國憲法體制，類屬五權憲法架構下傾向於內閣制精神的混合制，或稱混合制。法國戴高樂在一九五八年的第五共和憲法亦是另一種型態的混合制。

我國這一部民國卅五年十二月廿五日制定，民國卅六年十二月廿五日施行的憲法，如摒除理想化的角度，而代之以民主容忍妥協的觀點，持平地予以論析，則它雖非某一純粹理念的制度—如中山先生五權憲法制、美國總統制、英國內閣制，但是這個五權憲法架構下，傾向於內閣制精神的混合制，亦有其獨到的特徵，並自成體系：

(1)國民大會代表全國國民行使政權（憲法第廿五條），其職權包括選舉總統、副總統，罷免總統、副總統，修改憲法，複決立法院所提憲法修正案，創制權、複決權。（憲法第廿七條）

(2)總統爲國家元首，對外代表中華民國。（憲法第卅五條）除具有宣戰、媾和、締約、大赦、特赦、減刑、復權之權、授與榮典等國家元首權外，亦具有一項行政實權；院際爭執之調和權。（憲法第四十四條）另總統依法公布法律、發布命令，須經行政院長之副署，或行政院長及有關部會首長之副署。（第三十七條）總統發布緊急命令，覆議核可權亦以行政院會議之決議爲要件。（第四十三條、五十七條）

(3)設立五院，其排列順序爲：行政院、立法院、司法院、考試院、監察院。五院皆就其職掌爲「最高」。（憲法第五章、六章、七章、八章、九章。）

(4)行政院爲國家最高行政機關。（憲法第五十三條）行政院長由總統提名，經立法院同意任命之。（第五十五條）行政院副院長、各部會首長及不管部會之政務委員，由行院院長提請總統任命之。（第五十六條）行政院對立法院負責。（第五十七條）

(5)立法院爲國家最高立法機關，由人民選舉之立法委員組織之，代表人民行使立法權。（第六十二條）立法院有議決法律案、預算案、戒嚴案、大赦案、宣戰案、媾和案、條約案及國家其他重要事項之權。（第六十二條）立法委員不得兼任官吏。（第七十五條）

(6)司法院爲國家最高司法機關，掌理民事、刑事、行政訴訟之審判，及公務員之懲戒。（第七十七條）法官須超出黨派之外。（第八十一條）司法院設大法官若干人，負責解釋憲法，並統一解釋法律及命令。（第七十八、七十九條）

(7)考試院爲國家最高考試機關，掌理考試、任用、銓敘、考績、級俸、陞遷、保障、褒獎、撫卹、退休、養老等事項。（第八十三條）考試院關於所掌事項，得向立法院提出法律案。（第八十七條）考試委員須超出黨派之外，依據法律獨立行使職權。（第八十八條）

(8)監察院爲國家最高監察機關，行使同意、彈劾、糾舉及審計權。（第九〇條）行使同

意權時，由出席委員過半數之議決行之。（第九十四條）

綜論之，中華民國憲法本即自成一局，各有職司，權責分明，如拋開某特定制度理想化的意念，我國憲法有其價值和運作功能，再加上制定過程中充分表現民主的容忍、妥協精神，更應得到全體國人的敬重，實不宜以是否爲完全理想化的五權憲法制、內閣制、總統制來批評中華民國憲法，中華民國憲法若是完完全全上述的某一種制度，其制定時，豈非違反民主精神，民主之可貴在不自專，民主國家制憲往往不是某單一理想化，而是折衷妥協的產物，理由至爲明顯。

我國憲法既是民主精神下，各黨派折衷妥協的產物，雖不是某特定制度的單一理想，但卻能自成格局，國人本於行憲的憲政精神，更應尊重、維護之。隨著民國八十年終止戡亂時期，廢止臨時條款，修憲有其必要性，尤以中央民意代表的法源依據，地方自治法制化最爲重要。但就中央體制部分，我國憲法的混合制下，有其特色，除非窒礙難行，否則應不宜任意變動。然而三個階段修憲的結果，無視憲政精神的重要，擴大了總統與國民大會職權。對於總統權位的主要改變有三：一是總統職權擴大，二是總統改由民選，三是制衡總統的憲法工具均已削弱。這種發展態勢好像是回歸臨時條款，而非回歸憲法。㊺如此一來，使原本隱含於中華民國憲法中「傾向於內閣制的混合制」，逐漸導入「傾向於總統制的雙行政首長制」。㊻這種修憲方式，實爲藉修憲之名，行制憲之實的舉措，如以法國第一共和到第五共和之憲政發展觀之，我國三個階段的修憲中，國民黨層峰缺乏國父中山先生的謙沖爲公，更無華盛頓、亞當斯之不以權位爲戀。相反的，以蠶食鯨吞、巧取豪奪的將總統職權任意擴張、改變中央體制，而未回歸原憲法，實已開啓不尊重憲法的源頭，更爲中華民國憲政未來走向，增加諸多的不確定性。

三、我國憲政發展的努力方向

中華民國憲法在制定過程中，充分表現容讓、妥協的精神，當制憲國大完成制憲任務時，我國民主憲政即邁出了第一步，緊接著國內烽火連天，兵禍不斷，第一屆行憲國大在民國卅七年三月廿九日開幕，也完成了兩件大事，一是選出第一屆總統、副總統，另一是制定了「動員戡亂時期臨時條款」。臨時條款由國民政府於民國卅七年五月十日公布，到台灣以後，又經過民國四十九年三月十一日、五十五年二月七日、五十五年三月十九日、六十一年三月十七日前後四次修訂，直到民國八十年五月一日廢止長達四十三年的動員戡亂時期非常體制。民國八十年、八十一年、八十三年，國民大會又進行了三次修憲工程，可是這三個階段的修憲，不僅過程中，無法顯示民主憲政的容讓、妥協精神；而且修憲的實質內容中，更忽略了行憲、守憲的憲政精神，將憲法的中央體制做了重大改變，偏離原憲法精神，未回歸憲法。基本上，我們國家在邁向民主憲政過程中，國人須要注意的憲政精神有二：一是容讓、妥協精神的表現，二是力行憲法精神的宏揚。果能做到這兩點，我們民主憲政的前景是光明充滿希望的。

(一)容讓妥協

西方學者有謂：民主政治必須建築在容讓（toleration）的精神上，沒有容讓的精神則民主政府就沒法執行職務。㊼我國亦有學者表示，就民主觀點而言，寧可犧牲完美而歡迎妥協，因爲妥協出於互讓，互讓基於尊重自己的主張，同時亦尊重他人主張之寬容態度，故妥協爲民主之精神表現，亦爲民主政治之工作原則。㊽

事實上，妥協並不一定是卑鄙的行爲，要看動機如何；爲了自私自利的目的而妥協是卑鄙，爲了顧全公益而妥協，卻是高尚。同時妥協不一定是退縮，要看妥協以後的行動如何；藉妥協以求偷安是退縮，藉妥協以取得改善卻是聰明的前進。㊾因之民主時代的妥協實爲高度政治藝術表現，正如美國一七八七年費城制憲，有名的「康乃狄格妥協案」（the Conecticut Compromise），㊿因爲有這一妥協案才能使會議繼續完成其他協議，關係至大，故又稱「大妥協案」（Great Compromise），正是說明妥協在民主政治中的重要性。制憲或修憲的目的，乃是爲了實行憲政，亦即爲實行法治的民主政治，而要實行民主政治，先決條件就是要有容忍妥協的精神，如若欠缺妥協的素養，即無從實行憲政。因之，容讓妥協的精神，實爲民主政治成功的重要條件了。

從中華民國憲法的制定經過，正足以表現民主容讓妥協的精神，在行憲多年後的今天，再行檢視這段可貴的史實，應有助國內朝野政黨以及國人體會民主的真締和未來憲政努力的方向。如衆所知，影響中華民國憲法深遠的民國卅五年政治協商會議，其召開之時，正值抗戰勝利多黨制抬頭之日，雖則執政的國民黨擁有相當的影響力，但爲了實現民主精神，以順遂制憲工作的完成，乃經由各黨派彼此洽商，彼此讓步，彼此接受，彼此妥協，確定了十二項原則，其後政協憲草審議委員會仍然經由各黨派的協商，在妥協之後再做妥協，終於完成了折衷各方意見的政協憲草。因之無論政協原則，抑或政協憲草，都不是根據任何一種理論體系而產生的，乃是各種不同的政治理論體系在協調的精神之下，相互讓步的結果，正因爲是協調的，相互讓步的，看起來自然充滿了矛盾衝突，任何一方都不盡滿意，但也爲各方面所共同接受。其內容固有所矛盾，有所爭議，但不可否認集思廣義之下，優越之處亦多，最重要的是符合了時代的趨勢，反映了現實政治的需求。

先就政協會議十二原則來看，其中對五五憲草增損甚多，充分表現了妥協精神：㊿

1.將五五憲草原定人民之自由權利非依法律不得限制，改爲「如用法律規定，須出於保障自由之精神，非以限制爲目的。」（修改原則九之二）

2.將五五憲草原定有形之國民大會，改爲無形之國民大會，即所謂「全國選民行使四權，名之曰國民大會。」（修改原則一之一）

3.將五五憲草原定國民大會選舉總統、副總統、立法院院長、副院長、監察院院長、副院長、立法委員、監察委員之職權，限於選舉總統，並定了在未實行總統普選制以前之過渡辦法。（修改原則一之二）

4.將五五憲草原定國民大會行使四權之職權，限於選舉罷免兩權，而將創制複決兩權之行使，另以法律規定。（修改原則一之四）

5.將五五憲草原定總統得召集五院院長會商關於兩院以上之事項及總統諮詢事項，改爲總統召集各院院長會商，不必明文規定。（修改原則七之二）

6.將五五憲草原定總統發布緊急命令爲必要處置後，於三個月內提交立法院追認，改爲

須於一個月內報告立法院。（修改原則七之一）

7.將五五憲草原定行政院院長副院長政務委員各部部長，各委員會委員長各對總統負責，改爲行政院對立法院負責，並規定如立法院對行政院全體不信任時，行政院或辭職，或提請總統解散立法院；但同一行政院院長不得再提請解散立法院。（修改原則六之一．六之二）

8.將五五憲草原定行政院長由總統任命，改爲由總統提名，經立法院同意任命之。（修改原則六之一）

9.將五五憲草原定行使治權之一的立法院，改爲其職權相當於各民主國家之議會。（修改原則二）

10將五五憲草原定由國民大會選舉之立法委員，改由選民直接選舉之。（修改原則二）

11將五五憲草原定總統對於立法院之議決案得於公布或執行前提交複決……但對於法律案條約案得提國民大會複決之，改爲「國民大會創制複決兩權之行使另以法律規定」（修改原則一之四）。

12將五五憲草原定「司法院爲中央政府行使司法權之最高機關，掌理民事刑事行政訴訟之審判及司法行政」，改爲「司法院爲國家最高法院，不兼管司法行政」。（修改原則四）

13將五五憲草原定司法院設院長一人，由總統任命，對國民大會負責，改爲由大法官若干人組織之，大法官由總統提名，經監察院同意任命之。（修改原則四）

14將五五憲草原定考試院設院長副院長各一人，由總統任命，改爲考試院用委員制，其

委員由總統提名，經監察院同意任命之。（修改原則五）

15將五五憲草原定監察院掌理彈劾懲戒審計之職權，改爲行使同意、彈劾及監察權。（修改原則三）

16將五五憲草原定監察委員由各省、蒙古西藏及僑居國外國民選出之國民代表各預選二人，提請國民大會選舉之，其人選不以國民代表爲原則，改爲由各省級議會及民族自治區議會選舉之。（修改原則三）

17將五五憲草原定省政府執行中央法令及監督地方自治，省長由中央任命，改爲「省爲地方自治之最高單位，省得制定省憲，省長民選。」（修改原則八之一、三、四）

18將五五憲草原定第六章國民經濟及第七章教育改爲基本國策章，包括國防外交國民經濟及文化教育。（修改原則十一之一、二、三、四）

19將五五憲草原定憲法之修改權屬於國民大會，改爲屬於立法監察兩院聯席會議，修改後之條文應由選舉總統之機關複決。（修改原則十二條）

政治協商會議十二項原則決定後，已將五五憲草做了大幅修改。政協會議結束後，有關憲草議定的工作交由政協憲草審議委員會繼續進行，而在政協憲草審議委員會中，再次表現了妥協折衷的精神，茲舉其大者，敘述如下：

1.國民大會有形無形與職權多少的爭論：依照政協所定憲草修改原則，國民大會爲無形的，執政的國民黨認爲依照建國大綱，仍以改爲有形的國民大會爲宜，然以其他黨派讓步，而得到解決。另國民黨並主張國大職權應依照五五憲草規定，可以創制複決法律，可以選舉罷免立監兩院院長、副院長及立監委員，並罷免司法、考試兩院院長、副院長。其他黨派則認為如此一來，國大非經常集會不可，而二、三千代表合組的國大，實在不便經常集會，如果經常集會，則易發生紛擾。況且創制複決兩權，依照一般民主國家的辦法，應由人民直接行使，不宜由國大代為行使。52幾經爭論妥協，國大職權僅限於(1)選舉總統副總統。(2)罷免總統副總統。(3)修改憲法。(4)複決立法院所提之憲法修正案。至於一般法律的創制複決，則留待將來全國有半數之縣市曾經行使後，再由國大制定辦法並行使之。

2.行政院與立法院關係如何的爭論：依照政協憲草修改原則，行政院應採責任內閣制。但當時國民黨不贊成立法院有對行政院不信任投票權，亦不贊成行政院有權解散立法院，因而引起強烈的爭辯，幾經磋商的結果，行政院依照現行憲法第五十七條的規定，對立法院負責。如此一來，既非原來五五憲草之五權分立原則，同時亦非完全的三權責任內閣制，而為一種折衷妥協下的制度。使政協憲草乃至其後現行憲法在中央制度具有五權憲法的外形，同時亦滲入三權憲法內閣制的若干內容。在外形雖有五權憲法之名，而內容上則有責任內閣制之實，而此一內閣制並非一般的責任內閣制，乃是多方面妥協下所造成，因而有學者名之為「有限的責任內閣制」，53然而不論如何，政協憲草之承繼政協原則後雖有若干修正，但仍然具有內閣制的特色，則是毋庸置疑的。

3.省憲問題的爭論：依憲草修改原則，省得制定省憲。國民黨提議省憲改為省自治法，雖得到各黨的同意，但省自治法是否須得中央政府的核准，則共產黨與其他黨派間的意見相差甚遠。中共堅持省自治法無須經過中央政府的核准，以便成為半獨立狀態，如此則為中共以外各黨派所不同意，經過激辯之後，省自治法只由中央在立法與司法上保有節制作用，而不須經中央行政機關的核准。立法院制定「地方自治通則」爲省自治法的準繩，即是中央在立法上予以事前節制。省自治法制定後，須即送司法院審查是否違憲，如果違憲，可由司法院宣布無效，此即中央在司法上予以事後節制。有了這兩重節制，即可不致因地方自治而釀成地方割據。

以上幾個大問題，既經互讓妥協之下，得到協議，政協憲草修正案乃得在預定期限內大體完成了。

從上面的史實發展，在於說明一個事實，即容讓妥協是民主憲政中不可或缺的要素，中華民國憲法的得以制定，從政治協商會議到政協憲草審議委員會，再到制憲國民大會，其中充分顯示此一精神。由於每一個階段都是由具有政治性的各方面代表所組合，故對於各種不同意見的主張，必須從綜合、妥協與疏通之中獲得結論。觀之以制憲國民大會中，國民黨雖以佔有壓倒性多數代表，仍能以全局爲重，不過於堅持已見，更未率爾捨棄政協憲草，而堅持五權憲法，這就是張知本先生所說的：「道理講贏了，官司打輸了。」㊴事實上亦未全輸，而是有了相當程度的容讓、妥協。制憲當中所顯示的這種精神，實值國人敬重和效法。

反觀國內終止戡亂時期，廢止臨時條款之後，憲政改革的表現卻值深思。各次的修憲當中，多數未能尊重少數，少數亦未能服從多數。民國八十年的第一階段修憲，在野的民進黨因修憲的歧見已深，在四月十五日決定捨議會路線改採遊行路線，並宣布退出國大臨時會，四月十七日並發動約有三萬人的「上中山樓，反對老賊實質修憲」大遊行。民進黨的退出，使得第一階段的修憲成果——「中華民國憲法增修條文第一——第十條」，成為非朝野兩大黨共識下的產物。

民國八十一年的第二階段修憲，朝野政黨再蹈第一階段修憲的覆轍。執政的國民黨在一讀審查會中，趁民進黨代表不在場時，將民進黨提出的修憲案全盤封殺，有違「多數尊重少數」與「程序正義」原則；在野的民進黨亦未能充分在議場中就其理念與國民黨進行理性辯論，動輒走上街頭實有違「少數服從多數」，大開民主倒車，尤以「四一六流血事件」、「四一九大遊行」對我國憲政的負面傷害至深，民進黨隨後於五月四日宣布退出國大臨時會，無黨籍國代亦跟進，退出修憲行列，這使得第二階段修憲留下瑕疵。

第三階段修憲過程較之前兩次更為混亂，朝野政黨間，無法有效約束本黨黨員建立以「說理代替動手」的民主精神，且都無法以平心靜氣的容讓、妥協，面對修憲程序上、憲法草案上的不同意見。執政黨指責對方少數暴力，違反議事精神；在野黨指責對方挾多數暴力，違反修憲程序。民進黨在不斷杯葛與全武行下，於二讀時集體退席，國民黨則因為二讀後的下次會議將輪由民進黨籍國代任主席，故而漏夜完成三讀修憲程序。朝野政黨間的種種舉措，實為我國行憲以來的憲政發展史留下極待省思的一頁。

我國的憲政發展時間尚短，上述就民國卅五年的制憲以及民國八十年戡亂時期終止後的三次修憲歷程，其中有關容讓、妥協的得、失做一比較分析，其結果顯示，朝野政黨與國人在民主政治時代，極需建立溝通管道，以互信、互諒的精神，尋求歧異間的共通點，一方面體認民主的特質即在不自專，因此寧可犧牲完美而接受妥協；另一方面落實民主的精神——「

過程中多數尊重少數，表決後少數服從多數。」民主時代應有民主素養，國人唯有記取過去行憲中的經驗教訓，在未來的憲政發展中，強調與重視容讓妥協的精神，才得以建立長治久安的民主政治典範。

(二)力行憲政

真正民主憲政精神的表現，不在於徒有一部憲法，也不在乎其內容的優劣，而在於人民行憲的精神與態度。亦即是憲政精神的發揚，端賴於全國人民的奉行憲法，尊重憲法，蕭公權即曾指出：㊿

> 不滿意的憲法不一定就是惡劣的，不精美的憲法不一定就是不能行的。我們不應當忘記了人的條件。拆穿了說，憲法祇是民主政治的一個重要的工具。它和別的工具一樣，其是否有用的關鍵在乎運用者的技巧。平常的，甚至粗劣的紙筆，到了名書畫家的手中，就有化腐朽為神奇的妙用。只要我們有實行憲政的誠意，以互讓的態度對人，以守法的精神律己，憲法縱不完美，民治必可成功。反過來說，如果多數國人於守法則責難他人，於立論則自尊惟我，不要說制憲難有結果，即使制定了良好的憲法也會成為廢紙。在中華民國制憲史裡面已經有了好些廢紙。我們千萬不可再製造廢紙了。

這一層道理，國父孫中山亦曾說到：「國人習性，多以定章程為辦事，章程定而萬事畢，以是，事多不舉。異日制定憲法，萬不可仍蹈此轍，英國無成文憲法，然有實行之精神，吾人如不能實行，則憲法猶廢紙耳。」(56)因之，一個上軌道的民主憲政國家，不在乎是否有一部精美的憲法，因為民主國家的制憲過程，不可避免的有容讓、妥協情形，於是往往無法單純理想化，而其內容常是不盡如人意的。一個成熟的民主國家，所在乎的是「憲政精神」（constitutionalism）的為國人共信、共行。如何顯示憲政精神的落實？在於力行憲法、尊重憲法。此外，憲法亦必須隨著時代潮流的演進或社會經濟狀態的變化，而作適當的改變與調適，這種漸進而溫和的改變，稱之為憲法的成長或發展。其方式約有三種：一是憲法習慣，二是憲法的解釋，三是憲法的修改。[57]而為使國家長治久安，並使國人永保政局之穩定，更避免野心政客任意毀棄國本，除了力行憲法，並遵循憲法的成長或發展外，極應避免任意毀憲、重新制憲或以修憲之名行制憲之實。

憲法習慣為某種政治行為，經反覆遵行，歷時既久，約定俗成，經一般人所承認，而具有法律拘束力之慣例或成規，包括了憲政傳統（convention）、憲法慣例（usage）、憲政權變（expediency），概凡憲法修改、解釋以外的方法而使憲法發生實質意義的改變者，均屬之。[58]

憲法解釋是現代民主憲政國家重要的一環，因憲法為國家根本大法，貴在遵行，而不在其完美。因此，現代法治國家，咸有學者所謂「憲法之維護者」（Huter der Verfassung），[59]以確保憲法之效力，解決憲法上之爭議，如美、日之最高法院，西德、義大利之憲法法院。依我國憲法之規定，司法院大法官會議解釋憲法，並有統一解釋法律、命令之權（第七十八條）。釋憲功能表現於三方面：

1.發揮憲法的適應性：憲法有其固定性，惟國事無常，變動不居，在國家非常情勢下，為鞏固國權，及不違背憲旨的原則下，得以釋憲方式，俾適應政治環境的需要。如司法院釋字第八十五號解釋：「憲法所稱國民大會代表總額，在當前情形，應以依法選出而能應召集會之國民大會代表人數爲計算標準。」再如釋字第卅一號，針對憲法有關立委、監委任期均有明文規定，但因大陸各省均已陷共，無法辦理選舉，乃解釋爲「……惟值國家發生重大變故，事實上不能辦理次屆選舉時，若聽任立監兩院職權之行使陷於停頓，則顯與憲法樹立五院制度之本旨相違，故在第二屆委員未能依法選出集會前，自仍由第一屆立法委員、監察委員繼續行使其職權。」是即以釋憲而發揮憲法在中央政府遷台後戡亂時期的適應性。

2.闡釋憲法的適用疑義：憲法條文簡潔，規定難免有欠明白，致適用時發生疑義，須以解釋闡明其眞義之所在，使適用上不致發生困難。如司法院釋字第廿一號解釋，闡明憲法第廿九條規定國民大會於每屆總統任滿前九十日集會，應自總統任滿前一日起算，以算足九十日爲準。再如釋字第一三〇號解釋，闡明憲法第八條第二項所定至遲於二十四小時內移送該管法院審問之時限，不包括交通障礙、或其他不可抗力的遲滯，以及在途解送時期，亦不適用訴訟法上扣除在途期間之規定。凡此，均因適用憲法發生疑義，而以解釋予以闡明，有助益於憲法的適應。

3.補充憲法規定的不周：前述依照條文的字句以解釋闡明憲法的適用疑義，乃側重於文理解釋。另有以解釋補充憲法規定的不周，則爲側重於論理解釋。如司法院釋字第三號、第一七五號解釋，乃依憲法規定考試院有提案權（第八七條），而認監察院與司法院也有提案權。再如釋字第七十六號解釋，認爲就國民大會、立法院、監察院在憲法上之地位及職權之性質而言，應認共同相當於民主國家之國會。唯類此論理解釋在運用上，須特別愼重。(60)司法院大法官會議法於民國四十七年七月廿一日公布施行，其第三條第二項已明定解釋憲法之事項，以憲法條文有規定者爲限，是不啻著重文理解釋，而限制論理解釋。

綜論上述三法以解釋憲法，對維持憲法的穩定性與適應性，乃至憲政的推行，均有功能。民國四十七年制定的司法院大法官會議法，直到民國八十二年二月二日第一次修正公布施行，並更名爲司法院大法官審理案件法。修正後本法將受理案件之通過，須大法官四分之三之出席，出席大法官四分之三同意，改爲須有大法官三分之二之出席，出席大法官三分之二同意方得通過，稍降低了受理案件通過之困難性，然而本法對大法官會議宣布法令違憲時，應發生如何之結果？自始無效或嗣後無效？[61]如何執行？法令無效時，對人民之權益發生如何影響？諸如此類重大問題，均付闕如，將不易達成憲法賦予之主要使命，今後修法時應對該等問題正視並解決之。

憲法修改與憲法解釋都是促使憲法得以成長或發展的重要途徑，其中憲法的解釋固可賦予憲法以新的生命與內容，但以解釋有其限度，且不能離開憲法條文的原意，如社會與政治環境發生劇烈的改變，原憲法內容無法適應新的需要時，憲法解釋則有不殆，憲法的修改乃屬必要。所謂「法與時轉則治，治與事宜則有功。」[62]更何況身爲一切法律之「母法」（Mother Law）的憲法，更顯示修憲的重要性。

憲法的修改有兩種情形，一爲原憲法所未規定之事項，因事實需要而增加新的條文內容，如我國第三階段修憲增修條文第九條有關國民經濟、社會生活、公營金融機構之管理、全民健康保險、殘障者、婦女、原住民之保障等基本國策；再如增修條文第十條之自由地區與大陸地區間人民權利義務關係及其他事務之處理等是。另一爲原憲法所訂之條文內容已不適合目前的環境而予以更改，如第三階段修憲中的第一條第一項國民大會代表產生之法源，第三條第一項立法委員產生之法源，以及第八條貫徹地方制度法制化規定等是。

憲法雖有修改的必要，惟憲法如果經常被修改，則憲法的尊嚴必然會大受損傷，故憲法修改雖屬不可或缺，但不宜輕率爲之。因之，修改憲法的條文，既不可規定太嚴，以至使得需要修改的很難修改；但也不宜規定太寬，造成浮濫的修改，使憲法常常處於不必要的修改之中，從而降低憲法的尊嚴。憲法學者詹姆生（Jameson）法官曾指出：㊸

修改憲法的程序，應該好像鍋爐上的安全鈕一樣，其構造既不可太容易發動，也不可太難發動，以至使其發動所需的力量，足以爆炸鍋爐自身而有餘。所以在制訂此種條文時，就應該十分的謹愼，一方面顧及憲法生長的需要，另一方面須顧及憲法保持特殊需要。對憲法的文字既不可崇拜得像神聖以至陷於那種錯誤的保守主義，好像終歲死守者一件破爛的衣服以至身體受凍而死一樣；但也不可成為政府玩物，不應聽他們擅自玩弄，使憲法失卻了它應有的尊嚴。

世界各國憲法大都規定了修改憲法的正常程序，但亦有些國家設有修改的限制，如法國第四共和憲法第九十五條、第五共和憲法第八十九條及義大利一九四七年憲法規定共和政體不得修改；西德基本法第七十九條規定基本法第一條（保障人權之規定）及基本法第二〇條（規定德國爲民主社會聯邦國）所規定之根本原則不得修改；美國憲法第五條規定各州在參議院之平等政權，非經各該州之同意，不得修改。除了上述對事項的限制外，尙有些憲法設置對期間的限制，如希臘一九二七年憲法第一二五條規定，自憲法公布之日起，未滿五年，不得修改；日本舊憲法第七十五條及比利時一八三一年憲法第八十四條規定，國家置攝政時，憲法任何條文均不得修改；法國第四共和憲法第九十四條規定，法國領土一部或全部爲外國侵佔時，不得進行修改憲法。整體來看，這些對憲法修改作相當限制的規定，仍有探討的空間，蓋以這種條文所根據的假定，即在於認爲當初的制憲者決不會有錯誤，他們有拘束後世子孫永遠接受他們制定憲法的權力。美國總統傑佛遜（Jefferson）即提出反證：「各時代的人民都有決定他們自己法律的權利，土地按受益權應屬於活人所有，死者即使染有支配土地的權力，也沒有支配活人的權利。」㊹

憲法應可修改，俾能適應變遷的新環境，增益時代的需要，同時避免窒礙難行，扞格不入的可能危害發生。一般國家在修憲程序上，多將修憲標準提高，如美國修改憲法需要聯邦國會參、眾兩院各以三分之二多數通過，尚須有四分之三的州通過修憲案，每一州須以州議會或州憲法會議以四分之三通過爲準。我國憲法修改可由立法院立法委員四分之一之提議，四分之三之出席，及出席委員四分之三之決議，擬定憲法修正案，提請國民大會複決；另可由國民大會代表本身五分之一之提議，三分之二之出席，及出席代表四分之三之決議得修改之。修憲程序標準的提高，在於凝聚相當國人的共識，避免過於草率。

憲法修改有其必要，修改程序所定標準不宜過於寬鬆，以免減低憲法的尊嚴性，但亦不宜太過嚴格，以免永遠無法達到修憲條件，一般而言，標準比絕對多數略高則有其必要，以求一國國民或多數政黨的共識。修憲的限制與否，在法理上雖有仁智之見，但因憲法本身有其基本特質，通常表現在國體、政體之上，尤以顯示政體精神的中央體制，其或為內閣制，或為總統制，或為委員制，或為混合制，如若修憲幅度已非因某一機關局部運作不良予以調整，而是造成整個中央體制精神的改變，如內閣制改為總統制，總統制改為混合制，在表面上，雖然是以修憲方式為之，但在原憲法精神盡失的情形下，實與制憲無異。這種修憲方式雖或程序合憲，但已抹殺原憲法的精神。事實上，在一個行憲的國家中透過修憲、釋憲以增進憲法的成長是正確的途徑，但若任意毀棄憲法、重新制憲或以修憲的正常程序做制憲的行徑，均不足取法，正因為這麼做乃是毀棄憲法的尊嚴性，今日之人可任意踐踏一部憲法，另制新憲，明日之人又如何會愛惜、尊重這部新憲法？如此不斷循環，國基永難鞏固。觀之以美國，其憲法乃制定於馬車、帆船時代，而行之於今日的核子、太空時代，其中亦不過七條原文，加上二十七條修正案，其修憲亦未損及原本總統制之精神。反觀我國終止動員戡亂時期後的修憲，所謂的「小幅修憲」，事實上已對中華民國憲法產生質變作用，亦即已非形式修憲，而在實質上已有制憲效應，藉由蠶食而逐漸鯨吞。在我國日益走上民主化的同時，更應培養國民重視力行憲政的精神，無論過去主導二屆國代三個階段修憲的國民黨，或主張另制新憲的民進黨，面對國家的長治久安，與如何教導後代子孫尊重憲法，應是值得深思的關鍵時刻。

註釋

①張治安，中國憲法及政府，增訂三版（台北：五南圖書公司，民國八十三年十月），頁一二五。

②胡佛，「當前政治民主化與憲政結構」，參見國家政策研究資料中心，「一九八九民間國建會憲政改革組引言報告」，民國七十八年十二月，頁二〇。

③同上，頁一二六。

④孫文，「自治制度爲建設之礎石」，見中國國民黨中央黨史委員會編，國父全集，第二冊（台北：中央文物供應出版社，民國七十年八月一日），頁三五六。

⑤同上，頁三五七。

⑥孫文，「民權主義」第五、六講，見中國國民黨中央黨史委員會編，國父全集，第一冊（台北：中央文物供應出版社，民國七十年八月一日），頁一一九—一五五。

⑦孫文，「國民政府建國大綱」，同註⑥，頁七五一—七五三。

⑧同上。
⑨同上。
⑩同上。
⑪孫文，「孫文學說」，同註⑥，頁四六四。
⑫同上。
⑬莊輝濤，「中山先生的權能區分思想與當代民主政治的運作」，政治大學，三民主義研究所，碩士論文，民國七十三年六月，頁一三四。
⑭陳春生，「國民大會研究」，社會科學論叢，第卅九期，頁五七四。
⑮張君勱，中華民國民主憲法十講，台一版（台北：台灣商務印書館，民國六十年二月），頁一。
⑯劉士篤，「對政治協商會議修改憲法原則的批判」，國民公報，民國卅五年二月十五日。
⑰王子蘭，現行中華民國憲法史綱，增訂一版（台北：台灣商務印書館，民國七十年六月），頁一一六。
⑱蘇永欽，「國民大會的定位問題」，中山社會科學季刊，第七卷，第二期，民國八十一年六月，頁四。
⑲王業立，「總統民選與民主政治」，新國民黨連線主辦，「中華民國憲政改革學術論文研討會」，民國七十九年十二月，頁三。

⑳ 陳春生，「談總統選舉之方式」，中興大學主辦，「談總統選舉之方式研討會」，憲政時代，第十八卷第四期，民國八十二年四月，頁四。

㉑ 李炳南，憲政改革與國民大會（台北：月旦出版社，民國八十三年六月），頁五五。

㉒ 姚立明，「總統選舉方式的思維邏輯」，見李念祖主編，從動員戡亂到民主憲政（台北：民主文教基金會，民國八十年十一月），頁一三五。

㉓ 同註⑥，頁二三四。

㉔ 同上，第三冊，頁一六八。

㉕ 同上，第二冊，頁三五七。

㉖ 同上，第一冊，頁七五二。

㉗ 董翔飛，中國憲法與政府，修訂廿四版（台北：自印行，民國八十一年九月），頁二四七。

㉘ 同上，頁二三一。

㉙ 吳文程，「修憲後總統與國大關係」，中山社會科學季刊（高雄：中山大學中山學術研究所，民國八十一年六月），頁四一—四二。

㉚ 同上，頁四〇。

㉛ 台北，台灣時報，民國七十七年二月廿九日，版二。

㉜ 薩孟武，中華民國憲法新論（台北：三民書局，民國六十三年），頁二〇二。

㉝ 同上，頁二一四。

㉞胡春惠編，民國憲政運動（台北：正中書局，民國六十七年），頁一一九。
㉟中國民主社會黨國民大會代表黨部編，中華民國憲法與張君勱（台北：中國民主社會黨國民大會代表黨部編印，民國七十五年），頁一七。
㊱馬起華，當前政治問題研究（台北：黎明文化公司，民國八十年一月），頁二六一—二九五。
㊲國民大會祕書處編，國民大會實錄（南京：國民大會秘書處編印，民國三十五年），頁三九五—三九六。
㊳林桂圃，民權主義新論，下冊，增訂三版（台北：中國文化學院出版部，民國五十八年五月），頁一七六。
㊴同註㊱，頁二九八—三〇〇。
㊵同上
㊶薩孟武，政治學，增訂再版（台北：三民書局，民國七十五年），頁一七八—一七九。
㊷同註㉗，頁二一一。
㊸同註㊶，頁一七九—一九〇。
㊹同註㉗，頁二一一。
㊺同註㉑，頁九六。
㊻傅崑成，「修憲後的總統權限」，中山社會科學季刊，第七卷第二期，民國八十一年七月十二日，頁七—十二。

玖　「著毋庸議」抑「著實可議」？

——副總統兼任行政院長的若干憲法問題

李登輝總統於民國八十五年六月五日在國民黨中常會中，表示由副總統連戰續任閣揆，有助於「政局之穩定」，並可使「重大施政持續辦理」。李氏對連戰因「第八任總統與第九任的體制轉換」所提出之總辭，批復如次：「所請辭去行政院院長職務，著毋庸議，至行政院副院長、各部會首長及不管部會之政務委員呈請辭職一節，請衡酌報核。」

李氏在閣揆任命案上或以不敢面對第三屆立法院的民意考驗，乃搬出戒嚴時代威權政治的「著毋庸議」事例來塞悠悠之口，不僅有時光錯置之感，且徒然成爲憲政史上的可議。李氏片面「慰留」副總統身分兼任行政院長的連戰，一方面嚴重違反「誠信」原則，再則對憲政造成無可彌補的戕害；前者以主政者「騙來騙去」的文化，嚴重破壞中華文化「人與人」交往的基本原則。後者則產生了兩個憲法的爭議：一是總統改選，行政院需不需要總辭？總統可不可以片面慰留？二是行政院可不可以由副總統兼任？本文以下分別予以論述之。

一、李登輝總統的「誠信」問題已踐踏人類相處法則

李登輝總統曾在演講中表示其相當厭惡「騙來騙去」的文化，然而李氏身爲國家元首竟一而再的「騙來騙去」。李氏在二月廿三日競選總統時的記者會已明確的宣示：「連戰選上副總統後，就不能再當行政院長了……」這是一國元首公開的政治承諾，竟然一文不值。再回溯起李氏在第八任總統就任時亦公開表示：「做了這任總統就不再做總統，因爲年紀太大

了，要和李副總統同時退休……」云云，事後則以那是「當時的想法」，不借「以今日之我否定昨日之我。」人類社會交往首重「信」字，凡夫俗子尚須「言忠信、行篤敬」，以維繫人際間的協調運作，不致「社會大亂」。主政者的言行，尤其是重大政治宣示更屬重要，孔子所以云：「政者正也，子率以正，孰敢不正。」一國元首不重誠信及於此，國家、社會、人群的亂象，寧不讓人憂之再三！

二、總統改選，行政院需不需總辭？總統可不可以慰留？

依據執政的國民黨看法，其以三月份時行政院長已經第三屆立法院行使同意權，總統既未提新人，何必重新行使？當然可「著毋庸議」。益以大法官釋字第三八七號解釋，只要求行政院在立法院改選時總辭以示負責。至於總統改選後，憲法或目前為止的大法官會議，並未規定必須行使閣揆同意權，所以連戰續任閣揆如再經一次同意權的行使，似為多此一舉。

唯前述說法之爭議極大，說明如下：

1.基本上，我國現行憲政體制傾向內閣制，殆無疑義。在這樣的一種制度安排下，閣揆的產生程序中，總統的提名權是「虛權」，立法院的同意權才是「實權」。因此，對於連戰內閣既已提出總辭，總統也就不應具有裁決可否的「實權」，更何況總統慰留的連戰是已入府的副總統，在「職位」上已非原先的連戰（雖然是同一人）。立院不僅擁有同意權的「實權」，加上行政院對立法院負責的情形下，總統的「著毋庸議」，正是大有可議。

2.進一步必須瞭解的是，連戰為何要再提總辭？原因無他，正因連戰是由三月份時第八任總統李登輝所提名，其爲彰顯行政院長對第九任總統人事「提名權」的尊重而提出總辭，則連戰的辭職絕非因「李登輝」個人而來，而係對於「第八任總統與第九任總統的體制轉換」所作的回應。因此「第九任總統」面對總辭案，並非單方面享有裁量權，而有批示「慰留」的權力。這一道理非常明顯，假設第九任總統不是李登輝，而是彭明敏或林洋港，彭、林可否逕予「批示慰留」，而排除立法院行使同意權之憲法程序？

3.如謂「立法院仍是三屆立委；總統仍是李登輝；行政院長仍是連戰」，因之李總統批以「著毋庸議」並無不妥。這當中則充滿諷刺意味十足的政治弔詭。因爲，此其中的李登輝已是從「第八任總統」的李登輝，到「第九任總統」的李登輝；連戰已是從「行政院長」到「副總統兼行政院長」的連戰；相對於「總統」、「行政院長」的改變，則立法院已是由與第八屆總統互動的第三屆立法院，到與第九屆總統互動的第三屆立法院。憲法當中對任命閣揆的程序是整套的機制，總統的提名與立法院的同意乃是一體。因之，連戰已提出總辭，即是對第八任總統提名表達法理上的辭退，亦同時是包含對第三屆立法院同意表達法理上的辭退。則第九任總統所具備的職權乃是提名權，而非逕予「續任」之同意權，否則將置立法院於何地？且如此充滿霸氣的「著毋庸議」不僅逾越憲法權限，而且更加深身爲總統「頭家」的百姓充滿「民之所欲，『藏』在我心」的困惑。

三、行政院長可否由副總統兼任

執政的國民黨提出憲法並未限制「副總統不可兼任行政院長」的條文，亦即連戰以副總統兼任行政院長並不涉及違憲。然而，值得注意的是，憲法未禁止，是否副總統就可兼任行政院長？從我國憲法精神來看，顯然並非如此：

1.我國自行憲以來，有兩次副總統兼行政院長的情形，一次是民國四十九年間，行政院長陳誠於任內當選為第三任副總統，陳誠於第二任總統任期屆滿前總辭，經第三任總統批復仍繼續兼任行政院長。另一次是民國五十五年間，行政院長嚴家淦於任內當選第四任副總統，嚴家淦亦於第三任總統任期屆滿前，循例總辭，經第四任總統批復仍續任行政院長。我國第三、四任總統均是蔣中正。以上陳誠、嚴家淦之「前例」，一則因當時仍屬威權時期，實不足援引比附；再則今日之李登輝常以「民主」是尚，並在其國民黨的研究報告指稱蔣中正時代是「硬性威權」，蔣經國時代是「軟性威權」，李登輝時代是「民主政治」，既然以民主自許，行事卻走回頭路，寧不哀哉？

2.我國憲法第四十九條規定，「……總統、副總統均缺位時，由行政院長代行其職權……總統因故不能視事時，由副總統代行其職權。總統、副總統均不能視事時，由行政院長代行其職權。」從憲法條文當初設計之政府架構，副總統與行政院長是由兩人來擔任不同職位非常明確，今以連戰副總統兼行政院長，已牴觸憲法第四十九條之規定，破壞了憲政體制。

3.依據憲法第四十九條，副總統是備位元首；另依據憲法第五十三條、第五十八條之規定，行政院是國家最高行政機關首長。依權力分立制度的精神，副總統與行政院長是兩項不同職位，且兩者性質迥然不同，實不得互兼。

4.如前述，我國憲法傾向於內閣制的精神，依憲法卅五條至四十四條條文觀之，總統、副總統本質上仍是虛位的，並未因總統直選而有所改變。由虛位的副總統來擔任具有實權的行政院長，實有違憲之議。蓋以立法院可以監督行政院長，卻監督不到副總統。當副總統與行政院長同一人時，彼此的權力關係也隨之混淆不清。一則「副總統兼行政院長」時，行政院長已非憲法明定的最高首長，反成「總統的執行長」，此時「權責不相符」隨即出現，亦即形成有權者（總統）無責—躲在後面操控，不須對立院負責；有責者（行政院長）無權。再則，「副總統兼行政院長」時，總統一旦出缺，副總統擔任總統，總統可否兼任行政院長？總統且宜否出席立法院會接受質詢？綜合言之，副總統兼任行政院長，雖然憲法沒有禁止的規定，但從相關憲法法理分析，這是應屬省略規定，如由副總統兼任行政院長實有違憲之虞。

從上述的析論，李總統實不宜「慰留」連副總統兼任閣揆。立法院院會於民國八十五年六月十二日以八十比六十五的懸殊票數通過「咨請總統重新提名行政院長，並咨請立法院行使同意權案」。總統本諸憲法精神，宜乎重新提名新的閣揆人選，經立法院同意後，組織內閣，以回復憲政的常軌運作。

拾　我國體制傾向「內閣制」或「雙行政首長制」？

——答客問並兼論「憲政精神」的內涵

客問：副總統兼行政院長連戰表明反對「內閣制」，而認為我國基本體制較接近法國「雙行政首長制」，是這樣的嗎？

我說：要論析一個國家中央體制屬於那種類型，或接近那種類型，最重要的是看這個國家憲法的規範，絕不可由臆測或主觀好惡來決定。

客問：那根據中華民國憲法規定，我國憲法似乎較傾向「內閣制」？

我說：依照我國憲法條文，你的看法大致正確。我國行政院是國家最高行政機關（憲法五十三條），掌有八部兩會（憲法第五十四條）。立法院是國家最高立法機關（憲法第六十二條），行政院對立法院負責（憲法第五十七條）。此外行政院長副署權的設計（憲法第卅七條）均表現出「內閣制」的特徵。但是必須注意的是，我國憲法體制僅能說「傾向」於內閣制，因為我國憲法設計中，並無立法院「不信任投票」，行政院亦無「解散國會權」，同時並未規定行政院長及部會首長由立法委員兼任，相反的，規定立法委員不得兼任官吏（憲法第七十五條）。整體言之，我國憲法體制，類屬五權憲法架構下傾向於內閣制精神的混合制。

客問：法國戴高樂（Charles de Gaulle）在一九五八年的第五共和憲法亦是另一種型態的混合制，此種「雙行政首長制」與我國似亦頗為類似，這樣的看法對嗎？

我說：基本上，這兩種制度差別是非常大的，我國是傾向於內閣制，法國的是雙行政首長制，法國學者杜瓦傑（Maurice Duverger）並稱法國乃是「半總統制」（Regime Semi-Persidentiel）。一般人容易誤會中、法體制雷同，或因我國有總統、行政院、立法院；而法國亦有總統、總理、國會之故。

若仔細分析中、法兩國體制，彼此差距何止千萬？

舉其大者：1.法國總統可任命總理，不需國會同意，雖然習慣上總理會要求國會對其信任投票，但總統有權進行單方面任命。2.法國總統可解散國會。3.法國總統可越過立法部門，直接訴諸民意，進行公民複決（referendum）。4.法國總統可主持國務（內閣）會議。5.法國總統擁有國防、外交的實權。

客問：那照你的分析，中、法兩國體制其實大不相同，我國總統的權限實在不能跟法國總統的權力相提並論，是嗎？

我說：非常正確。我國總統職權其實並不大，依憲法列舉的第卅五條到四十四條之中，絕大多數屬「國家元首權」，或必須建築在行政院會議的決議與行政院長副署兩個基礎上。

屬於國家元首權者，包括：總統爲國家元首，對外代表中華民國。（憲法第卅五條）總統依規定行使締結條約及宣戰媾和之權（憲法第卅八條）總統依法行使大赦、特赦、減刑及復權之權。（憲法第四〇條）總統依法任免文武官員。（憲法第四十一條）總統依法授與榮典。（憲法第四十二條）

總統職權建築在行政院會議的決議與行政院長副署兩個基礎上的，包括：憲法四十三條的緊急命令權、憲法五十七條的覆議核可權。另憲法卅六條：「總統統率全國陸海空軍。」此一總統的統帥權，亦因憲法第卅七條：「總統依法公布法律、發布命令，須經行政院院長之副署，或行政院院長及有關部會首長之副署。」，而成爲虛權。因此，綜觀我國憲法有關總統「實權」者，僅有憲法四十四條的「院際調和權」一條而已，然以其並無任何拘束力，成效如何亦甚明確了。

客問：我國總統所具者多爲虛權，但行憲以來，何以蔣中正總統、蔣經國總統、李登輝總統又都具有相當實權？

我說：這個問題可以分成終止戡亂時期前後兩個階段來加以討論。在民國八十年終止動員戡亂時期以前，總統權力似乎很大，但這並非根源於憲法所授與，而是來自以下三個原因：1.歷任總統均爲執政的國民黨主席（或總裁），透過黨政協調運作，每週三國民黨中常會主席做成人事，政策重大決定，交由週四行政院從政黨員同志通過執行。
2.動員戡亂時期臨時條款所授權。總統依授權設置國家安全會議，決定國家建設與動員戡亂大政方針，國安會成立後，反成決策中樞，行政院倒退成爲其執行的機關。
3.政府來台後，無論前後任蔣總統，由於個人聲望、領導特質所塑造的「克力司馬」（charisma）領袖魅力，使之都是有實權的領袖。李登輝總統亦因「李登輝情結」而擁有更多的影響力。
解嚴後李登輝總統之擁有實權亦源自以下：1.「李登輝情結」與本土化的相互影響。

2.李氏以其國民黨主席並為中華民國總統，透過黨政運作與政治倫理，使行政院在人事、決策多方面深受總統之影響。

客問：終止動員戡亂時期後，中華民國憲法在第二屆國大主導下，所完成的前後三個階段修憲，一方面將戡亂時期的機構「國安會」、「國安局」就地合法，一方面將總統直選機制建立，是否已改變中央體制傾向於內閣制的精神？

我說：修憲後將「國安會」、「國安局」就地合法，並確定總統公民直選，事實上並無法改變我國憲法中傾向內閣制的設計。就前者而言，「國安會」、「國安局」兩個本應隨戡亂時期終止，而予以撤銷的「動員戡亂機構」，卻在第一階段「程序修憲」中含混偷渡，予以就地合法，雖然主政者處心積慮的將國安會納入總統府組織之下，不僅規定「總統為決定國家安全有關大政方針，得設國家安全會議及所屬國家安全局：……」（增修條文第二條第五項）陡然授與總統如此多超越憲法的權力，甚至形同發交了一張空白權力支票。而且在組織法架構中，將行政院長為「第二副主席」的設計，破壞了憲法上最高行政決策權的規定，形成有權者（總統）無責（無須對立法院負責），有責者（行政院長）無權。然而值得注意的是，行政院長仍掌有八部兩會的行政實權，今假設總統、行政院長分屬甲、乙兩不同政黨（因如果立法院中乙黨佔多數，則甲黨總統勢須提名乙黨行政院長人選才有可能通過），則乙黨行政院長或藉故不出席國安會，或對國安會決議亦批以「再研究」「再議」，則總統亦莫可奈何。從這角度可明顯看出，雖然經過三階段修憲，總統不斷擴權，並由公民直選產生，但並未改變原憲法中傾向於內閣制的精神。

客問：我國憲法中總統具有者多爲虛權，修憲後雖然在總統刻意爲己擴權，並確定公民直選之民意基礎，但這些顯然並未改變憲法中傾向內閣制的精神。副總統兼行政院長連戰表明反對內閣制，而認爲我國憲法比較接近法國雙行政首長制，這代表的意涵爲何？對憲政的影響爲何？

我說：連氏所言，依據我們前面的分析，顯然並不符合事實，因爲我國體制距離雙首長制甚遠，差距極大。連氏如此說是可以理解，一則其以副總統兼閣揆的新身份，不會強調內閣制，因爲內閣制不允許副總統兼閣揆；再則執政的國民黨的心態或是朝向雙首長制進行修憲做了某種程度暗示。

連氏之言對憲政發展的影響允宜負面多於正面。1.連戰的說法明顯是爲副總統兼任閣揆找尋合理的解釋，但如此一來，反自暴副總統兼閣揆之短。2.以國家副總統之尊，公然否定現制，顯然又添了不尊重「憲政精神」之例，雖則不尊重憲政精神在過去三階段修憲已屢見不鮮，然而主政者的滋意以「修憲之名行制憲之實」的舉措，將無法使國家長治久安，且無法教導後世子孫尊重「憲政精神」。

客問：你所說的「憲政精神」是什麼？憲政精神與國家長治久安有何關聯？

我說：總的來看，「憲政精神」之確立表現在兩方面，一是容忍妥協的精神，二是行憲守憲的精神。今天我尤其要從行憲守憲的方向看憲政精神。真正憲政精神的表現，不在於徒有一部憲法，也不在乎其內容的優劣，而在於人民行憲的精神與態度。力行憲法、尊重憲法，並非抱殘守缺，死守憲法而一層不變。事實上，憲法亦必須隨著時代潮流的演進或社會經濟狀態的變化，而作適當的改變與調適，這稱之爲憲法的成長或發展，其方式約有三種：憲法習慣、憲法解釋與憲法修改。

然而修憲雖屬民主國家之常態，但如修憲幅度已非因「窒礙難行」或「扞格不入」，因某一機關局部運作不良予以調整，而是因一些政客好惡，或個人權力擴張，造成整個中央體制精神的改變，如內閣制改爲總統制，在表面上，雖是以修憲方式爲之，但在原憲法精神盡失之下，實與制憲無異。正因這種做法乃是毀棄憲法的尊嚴性，今日之人可任意踐踏一部憲法，明日之人又如何會愛惜、尊重這部「新憲法」？如此不斷循環，國基永難鞏固。在我國日益走上民主化的同時，更應培養國民重視力行憲政的精神。過去三個階段修憲的現象與副總統兼行政院長連戰的議論，其對憲法中央體制精神表現的不重視，實值國人警惕。唯有朝野政黨，國人共同發揮「憲政精神」，國家才得鞏固，人民始得永享民主的福祉。

國家圖書館出版品預行編目資料

憲法與憲政／齊光裕著 -- 初版， -- 臺北市 ： 揚智文化 ， 1996 [民85] 面； 公分 ＩＳＢＮ 957-9272-89-1（平裝） 1.憲法－中國－論文，講詞等 2.政治－臺灣－論文，講詞等 581.27 85011769

憲 法 與 憲 政

作　　者／齊光裕
出 版 者／揚智文化事業股份有限公司
發 行 人／林智堅
地　　址／台北市新生南路三段88號5樓之6
電　　話／(02)366-0309 366-0313
傳　　真／(02)366-0310
登 記 證／局版臺業字第4799號
法律顧問／北辰著作權事務所　蕭雄淋律師
初版一刷／1996年11月
ＩＳＢＮ／957-9272-89-1
定　　價／250元